こどもまんなか社会に活かす
「子育て支援」

監修
立花直樹・渡邊慶一

編
丸目満弓・河野清志・中 典子・明柴聰史

晃洋書房

はじめに

　この教科書で勉強する人は，将来，保育者となって「子どもの養護と教育」に携わることを夢みていることだろう．そんな皆さんには，是非ともソーシャルワークやカウンセリングの基本を学んでほしいのである．

　保育という仕事は，物を作ったり，売ったりする仕事ではなく，生きている人を相手にする仕事である．医療，看護，教育，介護，福祉，心理など，人を支援する仕事をヒューマンサービス（対人援助職）と言うが，保育もヒューマンサービスの重要な職域の1つである．そのような仕事では，ホスピタリティ（人との接し方）を学ぶ必要がある．

　ヒューマンサービスに従事する保育者は，子どもや保護者の信頼を得られなければ，本来の仕事ができない．信頼を得るには，高い専門性に加え，面接技術と子どもや保護者を理解する能力が求められる．

　子どもや保護者と密接に接し，子どもや保護者を理解する方法がソーシャルワークであり，カウンセリングマインドを基本とした発達段階やライフステージにおける心理的支援でもある．この本はソーシャルワーク並びに心理的支援の基本を学び，保育現場における子どもや保護者との接し方を会得する書籍として編集されている．

　とりわけ最近は，社会状況や子ども・保護者が変化して，保育の仕事が今までより難しくなってきた．これまでなら，保育者は保育所や幼保連携型認定こども園，幼稚園等へやってくる子どもや保護者を待ち受けて保育を行えばよかったが，現在は子どもを理解するため，保育所・児童福祉施設や幼保連携型認定こども園，幼稚園の中だけではなく，子どもが生活している家庭や地域社会を理解する必要性が増している．つまり，子育て支援や家庭支援を行ううえで，子どもや保護者だけでなく，子どもや保護者が日常的に過ごす家庭環境や地域社会についても，人間関係や状況を把握し理解した方が，よりニーズに的確に対応した援助ができるからである．

　現在では“食生活”をはじめとして，“しつけ”など生活全般に課題がある家庭も少なくない．極端な場合には児童虐待のケースも珍しくない昨今である．そのような家庭の子どもに，行動やパーソナリティの偏りがみられることもある．また，子どもを取り巻く状況としては“貧困”“虐待”“特別な配慮”“不登校”“いじめ”“多様な性”“日本語理解が困難”など，多様で複合的な問題が山積していることから，小学校・中学校・高校等では「スクールカウンセラー」や「スクールソーシャルワーカー」といった専門職が活躍し，多様な専門機関や専門職と連携する中で大きな成果を上げている．そこで，2022（令和4）年度より幼児教育の分野にも「スクールカウンセラー」や「スクールソーシャルワーカー」が派遣されることが決まり，保育分野でも「カウンセリング」や「ソーシャルワーク」を本格的に導入していこうという機運が高まっている．2024（令和6）年からは，子ども虐待をはじめとした子どもやその家庭への支援ができる新たな専門資格として「こども家庭ソーシャルワーカー」の養成がスタートした．保護者支援や子ども家庭支援に携わった一定経験のある

保育者も資格取得が可能となった.

さらには，2023（令和5）年4月から設置された「こども家庭庁」は「こどもまんなか社会の実現」をスローガンに掲げ，常に子どもの最善の利益を第一に考え，子どもに関する取組・政策を社会の真ん中に据えている．今後は，ますます子どもの権利を重視し，子どもを中心とした保育や子育てが実践されていくために，様々な専門職が協働する時代となっていくだろう．

あなた方の理想とする保育が行われ，子どもと保護者の信頼を得て，子どもの健全な発達に寄与できるよう，子どもと保護者を理解し，問題の解決もしくは緩和のノウハウとして，本書で「相談支援」や「心理的支援」の基礎を学んでもらいたい．

最後に，あなた方の中には少子化社会に生まれ育ち，人との付き合い方や接し方が得意な人ばかりではない．また，外遊びや野外活動等の経験が少なく，たくさんの友人と日が暮れるまで戯れた経験も豊富でないかもしれない．そこで本書を活用し，各理論の意義や種々の法制度がもつ背景を理解する中で，様々な事例から具体的場面を思い浮かべて，"ヒューマンサービスの理論"や"対人援助のノウハウ"を学ぶことは，あなた方の人生にとっても有益であろう．

保育者を目指す皆さんには，高い問題意識と使命感，そして希望を持って学んでいただきたい．

2024年12月

編者と執筆者を代表して　立 花 直 樹

※1 文部科学省では「子供」を用い，こども家庭庁では「こども」を用いている．ただし社会において最も用いられているのは，「子ども」という表記である．本書では法律や制度における名称等については，それぞれの表記を優先するが，主語などで一般的に用いる際は「子ども」と表記している．

※2 「保育所等」および「保育園等」と記載している文言については，認定こども園や小規模保育施設等を含んでいる．

※3 「保護者等」または「親」と，場面によって表記が異なる場合があるが，いずれも同じ意味をあらわしている．

ワークとワーク解説をご希望の方へ

「ワーク」とその要点をまとめた「ワーク解説」（本書には未掲載です）を小社HPよりダウンロードしてご利用いただくことができます．但しご利用については，本書をご講義等でご利用いただいている教員の方のみに限定させていただきます．

「ワーク」と「ワーク解説」をご希望の方は，下記専用のメールアドレスに

① 書名『こどもまんなか社会に活かす「子育て支援」』
② お名前
③ 所属
④ 所属先住所
⑤ お電話番号
⑥ メールアドレス

をご記入のうえご連絡ください．送信いただいたメール内容を確認の上，「ダウンロード手順」について，小社よりご連絡いたします．

晃洋書房ワーク専用メールアドレス：exp@koyoshobo.net

目　　次

はじめに
子ども家庭支援・子育て支援における関連法律一覧

序　章　子育て支援を実践するにあたって ……………………………………… *1*

第Ⅰ部　子育て支援の特性と展開

第1章　子どもの保育と保護者支援の重要性 ………………………………… *11*

第2章　保護者との相互理解と信頼関係構築 ………………………………… *18*

第3章　保護者と家庭の課題に対する複層的理解と支援 …………………… *25*

第4章　子ども・保護者が多様な他者とつながる機会・場の提供 ………… *33*

第5章　子どもおよび保護者に関する情報の把握 …………………………… *40*

第6章　支援計画および指導計画と環境構成 ………………………………… *46*

第7章　支援における実践・記録・カンファレンス・評価 ………………… *53*

第8章　法人内・園内における専門職の連携・協働 ………………………… *60*

第9章　社会資源の活用と他機関・多職種との連携・協働 ………………… *66*

第Ⅱ部　子育て支援とその実際

第10章　保育所等における支援 ……………………………………………… *77*

第11章　多様な機関・施設・事業所が行う地域子育て支援 ……………… *84*

第12章　障がいのある子どもおよびその家庭に対する支援と配慮 …………………… 92

第13章　特別な配慮が必要な子どもおよび家庭に対する支援 …………………… 101

第14章　子ども虐待に対する適切な予防と対応 …………………… 109

第15章　要保護児童等および家庭への適切な支援 …………………… 118

第16章　多様な課題のある子育て家庭に対する理解と支援 …………………… 127

終　章　より良き子育て支援のために …………………… 133

付　録　ソーシャルワーク専門職のグローバル定義　（141）

　　　　全国保育士会倫理綱領　（145）

お わ り に　（147）

参 考 文 献　（149）

索　　　引　（157）

子ども家庭支援・子育て支援における関連法律一覧〈五十音順〉

＊（　）内は法律の正式名称

アレルギー疾患対策基本法

育児・介護休業法（育児休業，介護休業等育児又は家族介護を行う労働者の福祉に関する法律）

いじめ防止対策推進法

医療的ケア児支援法（医療的ケア児及びその家族に対する支援に関する法律）

LGBT 理解増進法（性的指向及びジェンダーアイデンティティの多様性に関する国民の理解の増進に関する法律）

学校教育法

個人情報保護法（個人情報の保護に関する法律）

子ども・子育て関連 3 法
  関係法律の整備法（子ども・子育て支援法及び就学前の子どもに関する教育，保育等の総合的な提供の推進に関する法律の一部を改正する法律の施行に伴う関係法律の整備等に関する法律）
  子ども・子育て支援法
  認定こども園法の一部改正（就学前の子どもに関する教育，保育等の総合的な提供の推進に関する法律の一部を改正する法律）

こども家庭庁設置法

こども基本法

子どもの権利条約

こどもの貧困の解消に向けた対策の推進に関する法律

子ども・若者育成支援推進法改正（子ども・子育て支援法等の一部を改正する法律）

次世代育成支援対策推進法

児童虐待防止法（児童虐待の防止等に関する法律）

児童手当法

児童福祉法

児童福祉法改正（児童福祉法等の一部を改正する法律）

児童扶養手当法

障害者基本法

障害者差別解消法（障害を理由とする差別の解消の推進に関する法律）

障害者総合支援法（障害者の日常生活及び社会生活を総合的に支援するための法律）

少子化社会対策基本法

少年法

女性支援新法（困難な問題を抱える女性への支援に関する法律）

身体障害者福祉法

生活困窮者自立支援法

生活保護法

精神保健福祉法（精神保健及び精神障害者福祉に関する法律）

男女雇用機会均等法（雇用の分野における男女の均等な機会及び待遇の確保等に関する法律）

知的障害者福祉法

特別児童扶養手当等の支給に関する法律

配偶者暴力防止法（配偶者からの暴力の防止及び被害者の保護等に関する法律）

発達障害者支援法

母子及び父子並びに寡婦福祉法

母子保健法

民法

序　章

子育て支援を実践するにあたって

第1節　子育て支援を実践する前に

　2015（平成27）年4月にスタートした「**子ども・子育て支援新制度**」は，単に子育てに関する保護者の負担を軽減することを第一義的な目的としているのではなく，内閣府では「子どもたちがより豊かに育っていける支援」を子育て支援と捉えている．

　こども施策を社会全体で総合的かつ強力に推進していくために「**こども基本法**」が，2022（令和4）年6月に成立し，2023（令和5）年4月に施行され，同時に「**こども家庭庁**」が設置された．こども家庭庁は「**こどもまんなか社会の実現**」をスローガンに掲げ，常に子どもの最善の利益を第一に考え，子どもに関する取組・政策を社会の真ん中に据えている．子どもの視点を重視し，子どもを取り巻くあらゆる環境を視野に入れ，子どもの権利を保障し，子どもを誰一人取り残さず，健やかな成長を後押しする社会の実現を目指している．

　「児童の権利に関する条約」「児童福祉法」等にも明記されている「**子どもの最善の利益の尊重・確保・遵守**」の基本原則を実現するため不可欠なものが，「子育て支援」である．保護者の子育てを支える中核となる存在が，保育所・幼稚園・認定こども園，児童福祉施設などで従事する保育者である．

　保育者を目指す学生に，「保育者にとって何が一番大切ですか？」と尋ねた時に，「相手の気持ちを理解する」「あたたかさ」「思いやり」など，様々な回答が返ってくる．それらの回答は，どれも非常に大切であるが，そのような考えが無い人がいれば，保育者を目指すことを諦めたほうがいい．つまり，保育者を目指す以前に，人として当然身に着けておくべき見識といえるからである．

　保育者を目指す学生は，その道を目指す理由として，「子どもが好きだから……」「障がいのある子どものために何かをしたいから……」など，様々な理由を明示する．しかし，「好きだから……」「何かをしたいから……」という情熱だけを持ち続けても，保育者になるのは難しい．見識や情熱に加えて，子どもの「生命や成長・発達」を支えるという責任感や使命感などの専門職者としての素養を修得する必要が保育者にはある．では，保育者として修得すべき素養とはどのようなものだろうか．

　保育者として修得すべき素養には，6H【Head（知識），Hand（技術），Heart（価値観・人間観・倫理観），Health（健康），Human-relationship（人間関係），Human-rights（人権意識）】が不可欠であると言われている．

第2節　Head（知識）

　知識を修得するためには，本を読んで暗記をすればいいのではないかと，よく誤解する人がいる．しかし，本から暗記して得たものは知識でなく，単なる情報である．情報が専門的な技能や職務と結びついた時に，初めて知識になる．例えば，強制や押し付けの中で知識を修得しようとしても，「馬耳東風」な状況となり，左耳から右耳に流れていく「情報のBGM」にしか過ぎない．大学・短期大学・専門学校などにおける定期テストのために一夜漬けで覚えた「暗記情報」は，短期記憶であるため1週間もすれば多くの情報を失うことになる．一時的な「暗記情報（短期記憶）」ではなく，大学・短期大学・専門学校などを卒業した後でも活用できる「専門知識（長期記憶）」とするためには，自らが保育者としての使命をもって，自発的に学習する中で「知識修得の促進」を図る必要がある．

　そのためには，自己や他者に対して常に興味や関心を持つことのできる「人への探究心」を備える必要がある．したがって，保育者は，子どものみならず自分自身を好きになり「他者と自己を含めた人間そのもの」に興味や関心を持つことが重要である．保育者が，人間に対して興味や関心を持つことで，自らの知識量・技術力・人間性を客観的に洞察するだけでなく，子どもや保護者のニーズ（何を必要としているのか）を理解することにつながっていく．

　特に，援助対象者の**クライシス（危機的な状況）**において，知識を利用する価値が高まる．例えば，一般的な発熱の場合，子どもにはシロップ剤・錠剤・カプセル・坐薬などの様々な形状の「消炎鎮痛剤」が処方・使用される．しかし，インフルエンザ脳炎を発症している可能性のある子どもに対して，決して投与してはいけない薬物（消炎鎮痛剤）などがあるが，知識が無ければ誤用の危険性が高まり，生命の存続に影響を与える．

　つまり，知識は子どもの生命・健康や安全を守るためにも有用であり，常に最新で安全なものにリニューアルしていく必要がある．知識には使用期限が付随する可能性を念頭に置きながら，「知識を常に再確認する（リコンファーム）」「使用できない古い知識を捨て去る（リナウンス）」「新しい知識を学び直す（リラーン）」を継続的に繰り返して実行することが重要である（ドラッカー，1995）．事実，大学・短期大学・専門学校などの講義で学んだ知識は，数年経てば時代遅れのものになってしまう場合がある．そのためにも，職場内研修，職場外研修，自己啓発（書籍や視聴覚教材，研究会）の機会などを有効に活用することで，常に最新の知識を獲得し「知識向上」を図ることができる．さらに，修得した最新の知識を職場に持ち帰り，情報交換の場を持つことで，専門職間で最新の知識を効果的・効率的に共有することにつながっていく．

第3節　Hand（技術）

　修得した知識の利用価値は，実践の場に活用できたかどうかで測定される．つまり，新しい知識を毎日の保育活動に転換し，保育サービスという技術として提供できてこそ，価値が高まる結果と

なる．一時的でなく常に安定した保育サービスを提供できれば，技術が修得できたことになる．そのためには，保育者自らが使命をもって，技術向上の修練を図る中に「技術修得」が促進されるのである．

特に，援助対象者の**クライシス**（危機的な状況）においては，技術を利用する価値が高まる．例えば，転倒し流血した子どもに対して，迅速に止血し，安静な体位を保持し，その他の傷害状況の確認を行った上で，医療専門職と早急に連携できることが重要である．知識として認知していても，技能として利用できなければ有用とはいえない．状況に応じて冷静に知識を活用し，迅速に行動できることが技術といえる．

また，同じ職場内であっても，保育者としての従事経験の長短により技術差が生じれば，提供する保育サービスにも大きな差が出現し，子どもにとっては「均質のサービスを受給できない」というデメリット（マイナス）が生じる．

例えば，子どもが「てんかん発作」を起こした場合，以前は舌を噛み切らないように薄い布やガーゼなどを指に巻き，舌を抑えることが正しい対応技術として流布されていた．しかし，タオルなどを口へ詰め込むことによる窒息死の事故が連続して発生し，現在はそのような対応は推奨されていない．もし，子どもが「てんかん発作」を起こしたら，高所・機械・水場・火の気などの危険な場所から遠ざけ，楽な姿勢と呼吸ができる態勢（気道）を確保した上で，見守ることが重要であるといわれている．

子どもの生命・健康や安全を守るためにも技術は有用であり，技術は時代とともに進歩するので，最新で安全なものにリニューアルしていく必要がある．技術を常に再確認（リコンファーム）し，古い技術を捨て去り（リナウンス），新しい技術の再修得（リラーン）を継続的に繰り返して実行することが重要である（ドラッカー，1995）．事実，大学・短期大学・専門学校などの演習や実習で学んだ技術が，数年経てば時代遅れのものになってしまう場合がある．そのためにも，職場内研修，職場外研修，自己啓発（視聴覚教材，講習会や研究会）の機会などを有効に活用することで，常に最新の技術を獲得し「技術向上」を図ることができる．また，修得技術を職場に持ち帰り，職場内研修の場を持つことで，技術は効果的・効率的に共有されることになる．

現在，各現場において，運営資金やマンパワーだけでなく設備や機器などが限定された状況にある．確かに「資源は有限」であるが，「発想は無限」であることを信じ，有機的な連携をもとにして，知識や技術を生かせれば，困難な状況を打破することができるはずである．卓越した技術や発想は，独自性や革新力を熟成させ，それを組織内の専門職で共有した時に，付加価値の高い保育サービスや援助として昇華していくのである．

第4節　Heart（価値観・人間観・倫理観）

保育者には卓越した知識や技術が要求されるが，最も根源的な資質として重要視されるものが価値観といえる．価値観とは，人間観や倫理観という言葉としても置き換えることができ，「多種多様な文化や生き方・考え方（価値観）を受容し，グローバルな視点をもって，保育や相談援助がで

きる資質」と定義することができる．保育者には，子どもの成長や人生の意味を包含した援助実践が求められており，多大な責任や使命を背負うことから，価値観が保育者の援助の基盤におかれることになる．

　保育者といっても，個々の考え方や性質が違うため，子どもや保護者などへのコミュニケーションやアプローチの方法が，当然異なる．このことは，保育士のみならず，介護福祉士，社会福祉士，精神保健福祉士など，全ての福祉専門職において同じと言える．

　今日，「無気力」「無関心」「無感動」に象徴される排他的利己主義が浸透し，物質至上主義への過度の偏向や，個人のモラルの低下，地域・社会における人間関係の希薄化などが問題視されている．また，多種多様な価値観が錯綜する現代社会では，社会福祉実践や日常生活の中で，保育者が選択や判断のみならず，調整を迫られる場面が少なくない．このような状況の中で，保育者は，遵守すべき価値観や判断基準を理念として一定共有する必要があり，全国社会福祉協議会・全国保育協議会・全国保育士会が協働で「行動規範のガイドライン」となる「**全国保育士会倫理綱領**」（本書巻末資料参照）を策定し，2003（平成15）年2月に採択している．

　ただし，単に「**倫理綱領**」を守れば良いというのではなく，保育者としての「価値観・人間観・倫理観」を修得し研磨するには，「観察力」や「感受性」が非常に大切になる．この「観察力」や「感受性」を磨くためにも，各組織において，日頃から全職員が専門職に求められる「価値観」についてともに検討し考察できる機会を設けることが非常に重要である．なぜなら，個々の専門職の価値観は，福祉サービスを提供する専門組織としての価値観・倫理観を代弁しているからである．

第5節　Health（健康）

　確かな知識や技術が，福祉サービスを利用する子どもの健康や安全を確保することについて既に述べてきた．万が一，保育者がインフルエンザに罹患しても，医師の診断の下に処方してもらった薬剤を服用し安静にしていれば，1週間程度で回復する．しかし，乳児や重度障がいのある子どもがインフルエンザに罹患すればどうなるだろうか．重篤な状態になりやすく，肺炎を併発して入院したり，インフルエンザ脳症を発症したり，場合によっては「死」に至ったりする危険性もある．インフルエンザに罹患した職員が，仕事の責任感から無理を押して出勤し，職場内にインフルエンザウイルスを持ち込めば，子どもがどのような状況になるか想像すると，非常に恐ろしくなる．さらに，子どもに留まらず，保護者や家族などにも影響が及ぶ危険性がある．そのため，多くの保育者は，子どもへの感染を防ぐために，流行の兆候が見られる時期になると，マスクを着用したり，インフルエンザワクチンを接種したりする等の対策をとっている．

　しかし，何も子どもの健康の側面だけを指している訳ではなく，保育者の健康の側面も重要である．もし保育者がウイルスなどによる感染性の病気になれば，他の職員にも伝染していき，他の職員の健康に影響を与える危険性がある．もし，感染性の疾患でなく，罹患した保育者自身のみの疾病で留まったとしても，その保育者が休暇を取る期間については，他の職員が無理な負担をして仕事を担うことになる．つまり，他の職員の健康を損ねるリスクを増大させることにつながるのである．

また，援助を行う職員の心身が不良であれば，質の高いサービスを笑顔で提供することが非常に難しくなる．質の高いサービスを笑顔で提供するためにも健康は重要である．言うまでもなく，保育者自身が，常に「規則正しい生活」を心がけ，手洗い・うがい・消毒等を怠らないことが重要である．保育者一人一人の健康意識が，組織を健全で有機的な状態にし，質の高いサービスを提供することにつながるのである．

第6節　Human-relationship（人間関係）

社会福祉士・介護福祉士・精神保健福祉士と同様，保育士は社会福祉の専門職であり，ソーシャルワークにも職務の基盤があることは周知の事実である．

1956（昭和31）年に創設された**国際ソーシャルワーカー連盟**（**IFSW**：International Federation of Social Workers）は，2014（平成26）年7月のメルボルン大会で「ソーシャルワーク専門職は，人権と集団的責任の共存が必要であることを認識する．集団的責任という考えは，一つには，人々がお互い同士，そして環境に対して責任をもつ限りにおいて，はじめて個人の権利が日常レベルで実現されるという現実，もう一つには，共同体の中で互恵的な関係を確立することの重要性を強調する．……（以下省略）」と「**ソーシャルワークの原則**」を定義している（IFSW「**ソーシャルワーク専門職のグローバル定義**（日本語訳）」社会福祉専門職団体協議会・日本社会福祉教育学校連盟，2015，本書巻末資料参照）．

事実，保育者が所属する専門機関の運営は，様々な人間関係によって成立している．援助や連携において，「全ての人間関係が対等である」という認識から出発することが重要である．つまり，援助実践上において，保育者自身の人間観や倫理観を振りかざし，子どもや保護者などの言動や態度を批判し指導していくことが求められているのではない．

人間関係を考える際，保育者自らを「我（私）」という軸においた「我（私＝A）―汝（自分以外の対等な存在＝B）」の人間関係が思い浮かび，コミュニケーションと同様に，人間関係は「AとB」という2対象間の交互性で成立している（ブーバー，1978）．「我（A）―汝（B）」の人間関係の中で「汝（B）」という存在を思い浮かべただけでも，「子ども」「子どもの家族」「同じ職場の保育者」「同じ職場の他の専門職」「他機関（施設）の保育者」「他機関（施設）の他の専門職」「地域の人々」「自らの家族・友人」など，様々な人間関係を思い巡らせることができる．当然，保育者は，それら全ての人間関係に配慮しながら，行動する必要がある．

また，保育においては「子ども同士」や「保護者同士」などの人間関係が円滑にいくように配慮しなければならない．もちろん，各施設や専門機関においては，様々な人間関係が円滑にいくことで，トラブルが減少し，組織運営がスムーズに行われる．そのため，保育者は，自らを中心とした人間関係のみならず，「汝―汝」という「BとC」との人間関係が円滑にいくように配慮することも求められる．

さらに，援助実践における有機的な連携を考えるなら，「AとB」という2つの対象だけでなく，「我（A）―汝（B）―汝（C）」や「汝（B）―汝（C）―汝（D）」など，複数間の交互性における円

滑な人間関係の成立が必要である.

つまり,保育者には,グローバルな視野を持ち,様々な人間関係に「目配り・気配り・心配り」を実践することが求められている.

第7節　Human-rights（人権意識）

保育者として,ソーシャルワークを実践する際には,「子どもの人権の尊重」に関する基本的な理念や視点を持ち,常に「子どもの最善の利益」を意識して,援助を実践する必要がある.

しかし,保育実践現場において専門的援助関係を破壊し,一部の保育者が加害者となる事件が後を絶たないことが,非常に残念でならない.保育者に対しては,以前から「自立や自己決定を重視する援助のあり方」など,専門職としての職業倫理が問われてきたが,その倫理観を逸脱する悲しい事件が後を絶たない現実がある.保育者が犯す「殺人」「傷害」「窃盗」「詐欺」「虐待」「抑圧」「性的暴行」などによる専門的援助関係の崩壊は,子どもの人権を侵害することに他ならない.「専門的援助関係の保持」とは,保育者がイニシアティブ（主導権）を握り,子どもの生き方や援助方針を決定する「主—従の関係（上下関係）」のことを指しているのではない.保育者と子どもが,1対1の人格的な触れ合いの中で生みだす「主—主の関係（対等関係）」を指している.この「主—主の関係」こそが,保育者と子どもとの間にある「専門的援助関係」であると言える.

どんなに崇高な理念を児童福祉施設や専門機関が掲げていても,社会化されていない閉鎖的な施設（地域住民などに,「設備等のハード面」や「運営等のソフト面」を開放していない施設）であれば,「井の中の蛙」となるだけでなく,**パターナリズム**（父権主義的・権威主義的・温情主義）な運営に陥りがちである.また,保育者自身が非常に高い理想を持って,保育や福祉の世界に飛び込んだとしても,長年にわたり閉塞的な組織で従事していれば,「世間知らず」となるだけでなく,パターナリズムな援助に陥る危険がある.このような状況では,**「子どもの最善の利益」**を守るどころか,権利侵害を当然のこととして行う事態となってしまう.

人権に関する正しい意識の蓄積は,人権への造詣を深めることにつながるのは言うまでもない.公的機関や人権啓発団体などが主催する研修会に参加し,人権の知識を蓄積することも1つの方法である.ただし,人権に関する知識だけを一時的に学習するよりも,継続的に磨いていく方法を検討しなければならない.また,一部の職員だけでなく,全ての職員が人権に関する学びを得ることが必要である.そのためには,人権啓発研修などに参加した職員が修得内容を職場内に持ち帰り,「伝達研修会（研修報告会）」などを開催し,職員間で「人権意識」を共有する必要もある.もちろん,組織内で恒常的に「人権等の研修会」を開催し,日常的に「人権意識」を高める機会を設定することも非常に重要である.

さらに,「人権感覚」という言葉があるように,保育者は新しい知識や技術などを身につけながら,常に自らの人権感覚を研ぎ澄ませる必要がある.

第8節　本書での学びについて

　本書の各章（第1章〜第16章）では，Head（知識），Hand（技術），Heart（価値観・人間観・倫理観），Health（健康），Human-relationship（人間関係），Human-rights（人権意識）等の視点が様々な角度から記述されている．さらに，各章では，理論や法律・制度の詳説から概論や論理と多様な事例や演習から学べる実践が融合して記述されており，理論と実践の両側面を学ぶことができる．

　ぜひ本書で，「こどもまんなか社会」における子育て支援に必要な要素を専門的かつ実践的な側面から修得していただきたい．

（立 花 直 樹）

第Ⅰ部

子育て支援の特性と展開

第1章

子どもの保育と保護者支援の重要性

学びのポイント

　保育者に期待される子育て支援・保護者支援の役割は時代や社会の変化とともにますます拡大している．本章では子どもや保護者をとりまく時代や社会的な変化，および制度の動向について概観する．さらに保育所保育指針に明記されている子育て支援の理解を深め，事例を通じて保育の専門性を活かした子育て支援，そして家庭が抱える生活課題に対する保育者が行う支援の実際についてイメージしながら，保育者が子どもの保育とともに保護者支援を行う重要性について学ぶ．

事前学習課題：1章の本文を読み，学びのポイントにあるキーワードについて，その言葉の意味を書き出しましょう．

事後学習課題：1章で学んだ内容から，あなたが保育者として何を大切にしたいのか決意表明しましょう．

　キーワード：保育の専門性を活かした子育て支援，こども家庭庁，保育所保育指針

第1節　子育て支援が必要とされる社会の変化

1　価値観の変化とライフスタイルの多様化

　1960年代以降の高度経済成長は，第一次産業が中心の社会から工業社会へと産業基盤を変化させた．雇用者世帯の増加により，「職につかず，専ら家事にあたる主婦」（新村編，2018：1656）である専業主婦が誕生した．

　しかし1975（昭和50）年の「国際婦人年」を契機に，女性の自己実現に対する意識改革が進み，世界的な気運の高まりも**女性の社会進出**を後押しした．1986（昭和61）年には男女雇用機会均等法が制定されたことで女性の社会進出はさらに進み，1995（平成7）年前後に専業主婦世帯と共働き世帯の割合が逆転して以降，共働き家庭は上昇し続けている（内閣府，2022）．

　結婚して家事育児に専念するという伝統的な価値観の揺らぎは，もはや女性に限られたことではなく，男女ともに**個人の思考や行動の様式の変化からライフスタイルは多様に変化**している．

　結婚に関しては2023（令和5）年の婚姻件数は474,717組であり，1972（昭和47）年の最多婚姻件数である1,099,984組と比較して約43％に減少している．また平均初婚年齢は，それぞれ妻が約30歳，夫が約31歳であり，第1子出生時の母の平均年齢は，1985（昭和60）年に26.7歳であったが，2011（平成23）年には30歳を超え，2022（令和4）年には30.9歳となっている（こども家庭庁，2024b）．

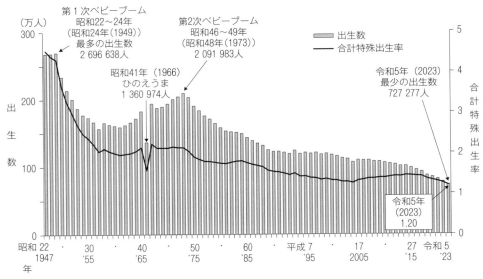

図1-1　出生数及び合計特殊出生率の年次推移

（出典）厚生労働省（2024a：4）．

　厚生労働省（2024a：2）によると，2023（令和5）年の合計特殊出生率は1.20であり，前年の1.26よりさらに低下し，過去最低を更新した．

　一方で，このような非婚化，晩婚化，晩産化，出生数の減少に関わる要因は価値観の変化によるものばかりではない．18歳から34歳の未婚者で「いずれ結婚するつもり」と考えている割合は2021（令和3）年の調査によると未婚男性は81.4％，未婚女性は84.3％である（こども家庭庁，2024b）．未婚者の希望するこども数についても夫婦の平均理想こども数は2.25人であり，「結婚の希望の実現」「希望どおりの人数の出産・子育ての実現」が難しいのは経済的要因も大きいことが推測されている．少子化対策においても特に「若者・子育て世代の所得を伸ばさない限り，少子化を反転させることはできない」と明確に示されている（内閣官房，2023）．

2　子育て家庭をとりまく状況

　現在の子育て家庭をとりまく状況は，子育てを「自己責任」とみなし，親子を苦しめる社会・政治の制度・慣行を「**子育て罰**」（末冨・桜井，2021）という言葉にも象徴されるように，決して温かいものとはいえない．

　理想のこども数を持たない理由としては，経済的理由として「子育てや教育にお金がかかりすぎる」，年齢や身体的理由として「ほしいけれどもできないから」「高年齢で産むのはいやだから」，育児負担が「これ以上，育児の心理的，肉体的負担に耐えられないから」などがあげられている（内閣官房こども家庭庁設立準備室，2023）．

　一方で少子化に関する国際意識調査（2021）において「子どもを生み育てやすい国と思うか」と質問したところ，「そう思う」と回答した割合はドイツ77％，フランス82％，スウェーデン97％であったのに対し，日本は38％と対照的に低い結果となっている．そのなかでも「子供を産み育てる

ことに社会全体がやさしく理解がある」と考える割合は最も割合が高いスウェーデンの54.5％と比較すると，日本は8.6％と約6倍近くの差がある．

つまり，出産や子育てに関する当事者のニーズに合わせた制度や政策の実現，同時に子どもや子育て当事者に優しい社会づくりの両面が必要とされている．

3 求められる子育て家庭への支援

2023（令和5）年4月1日に発足した**こども家庭庁**は，厚生労働省による保育や母子保健，虐待対応，内閣府による少子化対策などそれまで別々に担われてきたこどもと家庭の福祉・保健その他の支援，こどもの権利利益の擁護を一元的に担う行政機関として設立された．

また市町村レベルでは2024（令和6）年の改正児童福祉法により，それまで市町村域のこども家庭分野相談支援機関として児童福祉機能を担っていた「子ども家庭総合支援拠点」と，母子保健機能を担っていた「子育て世代包括支援センター」が統合された「**こども家庭センター**」の設置が進められつつある．

さらに**地域子育て相談機関**は，2024（令和6）年の改正児童福祉法第10条の3第2項に基づき，全ての妊産婦及びこどもとその家庭（里親及び養子縁組を含む）等を対象として，（1）相談支援，（2）子育て世帯に対する情報発信，（3）子育て世帯とつながる工夫，（4）関係機関との連携，等の業務を行う機関であり，前述したこども家庭センターを補完する存在として連携・調整を行いながら，相談の敷居が低く，物理的にも近距離にあり，能動的な状況確認等による「子育て世帯と継続につながるための工夫」を行う．実施場所は保育所や認定こども園，幼稚園，地域子育て支援拠点事業など子育て支援の施設・事業を行う場が想定されているため，次節で述べる「地域の保護者に対する子育て支援」を行ううえでも大きな役割が今後期待されている．

第2節 児童福祉法，保育所保育指針にみる子育て支援

1 児童福祉法において求められる保護者支援

児童福祉法第18条の4において，保育士は「保育士の名称を用いて，専門的知識及び技術をもって，児童の保育及び児童の保護者に対する保育に関する指導を行うことを業とする者」と定められている．つまり，保育士の業務は，児童の保育だけでなく，保護者に対する保育に関する指導，つまり保護者支援も含まれていることが示されている．

また児童福祉法第48条の4第1項において，「保育所は，当該保育所が主として利用される地域の住民に対して，その行う保育に関し情報の提供を行わなければならない．」とあり，さらに同条第2項により「保育所は，当該保育所が主として利用される地域の住民に対して，その行う保育に支障がない限りにおいて，乳児，幼児等の保育に関する相談に応じ，及び助言を行うよう努めなければならない」と定められている．後述するように，保育所保育指針においても同様に地域の子育て家庭に対する支援を行う役割が求められている．

2　保育所保育指針において求められる子育て支援・保護者支援

　2018（平成28）年4月に「保育所保育指針」「幼稚園教育要領」「幼保連携型認定こども園教育・保育要領」が同時に改定された．以下では保育所保育指針を中心に述べるが，幼保連携型認定こども園教育・保育要領解説に書かれている通り，「保護者に対する子育ての支援に関すること」については保育所保育指針が踏まえられており，保育所保育指針「第4章　子育て支援」，幼保連携型認定こども園教育・保育要領「第4章　子育ての支援」において保育者が求められる役割は同じである．

　なお，保育所保育指針第4章の構成は以下の通りとなっている．保育者が子育て支援を行う対象として，以下の2つが想定されていることがわかる．

第4章　子育て支援
1　保育所における子育て支援に関する基本的事項
2　<u>保育所を利用している保護者</u>に対する子育て支援
3　<u>地域の保護者等</u>に対する子育て支援

出典：保育所保育指針より抜粋（下線は筆者によるもの）．

3　保育所を利用している保護者に対する子育て支援

　保育所保育指針解説では，「**子どもの最善の利益**を念頭に置きながら，**保育と密接に関連して展開**されるところに特徴があることを理解して行う必要がある」とされている．

　保育所における保育は，保護者とともに子どもを育てる営みであり，保育所での保育において，乳幼児期の子どもの育ちを支えるとともに，保護者の養育する姿勢や力が発揮できるよう，保育所の特性を活かした支援が求められる．子どもが生活する保育所と家庭の一日を通した生活を視野に入れ，保護者の気持ちに寄り添いながら，家庭との連携を密にして行うことが大切である．

　また保育者が子どもの保育や保護者への支援を行う場合は，保育者としての**倫理観**が求められていることも心に留めておく必要がある．全国保育士会が2003（平成15）年11月に制定した「**全国保育士会倫理綱領**」には，① 子どもの最善の利益の尊重，② 子どもの発達保障，③ 保護者との協力，④ プライバシーの保護，⑤ チームワークと自己評価，⑥ 利用者の代弁，⑦ 地域の子育て支援，⑧ 専門職としての責務の8つの誓いが謳われており，保育士は，これらの誓いを常に念頭において従事しなければならない．

4　地域の保護者等に対する子育て支援

　近年では，核家族化や少子化に伴い，「**孤育て**」と言われるような，親族の協力が得られず近隣との付き合いや交流がない中で，孤立して親が子どもを育てている保護者がみられる．そうした状況において，保育者は保育所に通っている子どもだけでなく，全ての子育て家庭を対象に，地域のニーズに応じた様々な子育て支援の充実が求められている．

　保育所が行う地域の子育て支援の一例として，初めての子育てに不安を抱えている保護者への支援がある．例えば園庭解放など，地域の保護者が気軽に保育所を訪れることができるようなイベン

トを開催し，保護者に声をかけたり，保護者同士のつながりを作ったりすることで，保護者の孤立を防ぐことができる．また，保育の専門性を活かし，食事や排泄などの基本的生活習慣の自立に関することや，遊びや玩具，遊具の使い方，子どもとの適切な関わり方などについて，一人一人の子どもや保護者の状況に応じて具体的に助言したり，行動の見本を実践的に示したりすることもできる．さらには，親子遊びや離乳食づくり，食育等に関する様々な育児講座や体験活動，給食の試食会など，保育所の特色，地域のニーズなどに合わせた取り組みを進めていくことも有用である．こうした取り組みを進めていくうえで重要なことは，地域の保護者が参加しやすい雰囲気づくりを心がけることである．保育所がいつでも気軽に訪れることができ，安心して相談することができる場として地域にあることで，子育てに対する不安を和らげ，子育ての孤立化を防ぐことができる．

第3節　子どもの保育と一体的に行う子育て支援

1　保育の専門性を活かした子育て支援

「保育所保育指針解説（2018）」には，「保育所が地域に開かれた子育て支援に関する活動をすることは，地域におけるより広い年代の子どもの健全育成にも有効である」（厚生労働省，2018：341）とあり，続いて「保育所の地域における子育て支援に関わる活動が，関係機関との連携や協働，子育て支援に関する地域の様々な人材の積極的な活用の下で展開されることで，子どもの健全育成や子育て家庭の養育力の向上，親子をはじめとする様々な人間関係づくりに寄与し，地域社会の活性化へとつながっていくことが期待される」（厚生労働省，2018：341）とある．以下では，保護者からの相談をきっかけに保育者が計画した地元の文化に関連した園行事が，保護者，小学校，地域の人材等の多様な関係者と連携・協力しながら子育ち・子育て支援につながった事例について述べる．

●事例1-1　地域の祭りを活用することで子どもと保護者と小学校とをつなげた実践

　5歳児クラスのA担任は，小学校の入学を前に保護者Bさんから子どもの言葉の育ちの不安を相談された．また別の保護者であるCさんからは運動遊びが苦手で，いつもゲームばかりしているとの相談を受けた．

　A担任は，保護者BさんとCさんに対して個別アドバイスを行うことも大切であるが，クラスの子どもたち全体にとって言葉が豊かになる体験や，自ら体を動かそうとする意欲が育ち，結果的に運動能力が向上する取り組みを行いたいと考えた．そこで地域社会に深く根づく文化行事である「みやがり踊り」に着目した．

　「みやがり踊り」は，小学校の高学年以上の子どもから参加できる地域の祭りである．保育所に通う子ども達は，祭りに参加する自分の親がいつもとは違う機敏な動きをする姿にあこがれを持ち，祭りの翌日にはよく真似をしている姿が保育所でも見られていた．

　そこで保育所は公開保育と保育参加を統合した行事のなかで，運動が苦手な子どもたちが楽しみながら親子でみやがり踊りを行う取り組みを計画した．園外の散歩に「みやがり踊り」に登場する川や神社を訪れることで，園児たちの興味や関心は高まった．さらに隣接する小学校に協力を依頼し，小学生が舞う「みやがり踊り」を見学することで，園児たちが小学生にあこがれる気持ちや踊りたいという意欲はますます高まった．しっかり踊れるようになりたいと，園庭での運動遊びは全体的に増えたものの，体力には大きな個人差が感じられた．そこで保育所では園児の睡眠，朝食などをはじめ家庭での生活に

16 第Ⅰ部　子育て支援の特性と展開

ついてアンケート調査を行った結果，予想以上に生活リズムが深夜型である子どもが多いことがわかった．

　一方で保護者には祭りに先立ち，保護者会と保育参観を定期的に行うことを提案したところ，予想以上に多くの保護者が参加した．保護者会での講演において，子どもの発達や運動能力と睡眠の関係について話したところ，保護者同士が家庭での寝かしつけの工夫や悩みを相談し合う姿が見られた．

　「みやがり踊り」をテーマにした行事は，多くの保護者，そして祭りに関係する地域の関係者，民生児童委員，そして小学校教諭と小学生も参加し，大盛況であった．行事の前後は家庭内やクラスの中でもみやがり踊りに関する会話が増え，保護者Bさんから子どもの発言が目に見えて増えたこともA担任に報告があった．

　本事例を通じて，保護者からの相談を真摯に受け止めた保育者の姿勢，子どもたちにとって興味や関心があるものを題材に保育に取り入れる着眼点，さらに小学校，保護者，地域の人材と連携するネットワークづくりの重要性を学ぶことができる．

2　家庭が抱える生活課題に対する保育者が行う支援

　一方で，家庭の生活課題が子育てに影響を及ぼす場合もみられる．保育所保育指針解説においては，「子ども及び子育て家庭の抱える問題やニーズ，置かれている状況等を的確に捉え，個々の子どもや家庭にとって最も効果的な援助を行っていくことが求められている．保育所における子育て家庭への支援は，このような地域において子どもや子育て家庭に関するソーシャルワークの中核を担う機関と，必要に応じて連携をとりながら行われるものである．そのため，ソーシャルワークの基本的な姿勢や知識，技術等についても理解を深めた上で，支援を展開していくことが望ましい」（厚生労働省，2018：331）とある．以下では，家庭が抱える生活課題が子どもの育ちに影響を与えたケースに対して，保育者が支援の必要性に気づき，制度やサービスにつなげた事例を紹介する．

●事例1－2　家庭が抱える生活課題を支援することにより子育てが改善されたケース

　保育所に通う4歳児クラスの女児Aちゃんは隣の市から転居してきたばかりである．送迎は毎朝のように登園時間から大幅に遅れながら父Bさん，もしくは母Cさんが行っていた．通園当初から衣服が度々洗濯されず，持ちものも揃わないことが多々あった．さらに給食を他の園児の2倍は食べている様子からも，家庭での食事量が十分でないことが推察され，保育者のD担任は保護者や家庭の状況が気になっていた．

　D担任は送迎時には意識的に声をかけ，毎日のように両親と会話を重ねることで，Bさんが失業して無職であること，Cさんには精神疾患があり，服薬が必要な状態であるにも関わらず，転居以降は未受診の状態が続いていることが明らかになった．

　そこで園長や主任と相談のうえ，経済的にひっ迫していることから生活保護の申請をすすめた．さらに園長から障害福祉課の精神保健福祉相談員に連絡をとり，Cさんの受診先の紹介および同行受診を依頼した．

　Cさんは生活保護の受給に向けての見通しがたったことで医療費に関する問題が解決し，精神保健福祉相談員のサポートを受けながら精神科クリニックを受診することができた．服薬の結果，病状が大幅に改善されたことに伴い育児や家事を少しずつ行うことができるようになった．Aちゃんが朝食や夕食を毎日食べていることも確認できた．Bさんもじっくりと求職活動を行っていることを送迎時にA担任に話してくれている．

本事例からも分かるように，子どもや保護者が抱える課題は子育てに関する内容に留まらない．保育者が対応できる範囲を超えている場合は保育所の外部にある関係機関や関係職種と連携しながら問題解決を行う必要がある．その際，子どもや保護者の最も身近に位置する専門職として支援の経緯を見守ることができることは保育者の大きな強みといえる．

（永田彰子・澤田光・西川ひろ子）

第 2 章

保護者との相互理解と信頼関係構築

学びのポイント

　保護者と保育者は，ともに子どもの保育にあたる立場にある．保育者は保護者の考えや思いを受け止め，保育の専門職として支援していく必要がある．その根底として，双方に信頼関係が成立していることが必要となる．本章では，保護者と保育者のパートナーシップを築くための子どもや保育に関する相互理解の重要性と，援助的信頼関係を形成するために必要なバイスティックの7原則について学ぶ．

事前学習課題：2章の本文を読み，学びのポイントにあるキーワードについて，その言葉の意味を書き出しましょう．

事後学習課題：2章で学んだ内容から，あなたが保育者として何を大切にしたいのか決意表明しましょう．

　キーワード：相互理解，信頼関係，保育者の基本的態度，バイスティックの7原則

第1節　保護者と保育者の関わり

1　日常的・継続的な関わりを通して

　保育所保育指針の第4章「子育て支援」では，保護者との日常的な関わりや**相互理解**について，下記のように示されている．

> 2　保育所を利用している保護者に対する子育て支援
> （1）保護者との相互理解
> ア　日常の保育に関連して様々な機会を活用し子どもの日々の様子の伝達や収集，保育所保育の意図の説明などを通じて，保護者との相互理解を図るよう努めること．

　保育者は，日々の保育の中で送迎時のなにげない会話や連絡帳など様々な機会や場面を通して保護者と関わっている．そうした日常的な関わりのなかで保育中の子どもの様子や毎日の姿・成長などを保護者と共有することは，保護者が子ども理解を深めるきっかけとなる．子どもは，友達と同じ遊びをしていても，異なる遊びの意図や想いを持ち，個々のエピソードがある．保育者は複数の保護者に対して同じ内容を伝えるのではなく，そういった一人ひとりの子どもの姿を保護者に具体的に伝えることで，保護者に「大切な我が子をしっかりと見てくれている」という安心感を与えることができる．また，自分から保育者に関わることを躊躇する保護者や子育てや子どもの成長に不

第2章　保護者との相互理解と信頼関係構築　　*19*

安を感じている保護者にとっては，保育者から家庭では見られない子どもの姿や友達との関わりを聞くことは，保育者が信頼できる存在と感じるきっかけとなる．その結果，保護者が，徐々に自分から話しかけやすい関係が築かれていく．時には保護者からみて保育者の関わりや援助に疑問を持つこともある．そのような場合には，関わりの意図や援助の度合いについて，一つひとつ丁寧に向き合い説明を行うことで，相互の**信頼関係**が深まる．

●事例2-1　普段の関わりの中で親と子をつなぐ支援

> Aちゃん（4歳男児）の母親は，毎日急ぐようにして保育所にAちゃんを送ってきていた．その日は朝から「保育所を休む」と言って母親を困らせていた．担任Bは，朝出る際に何かいざこざがあったのだろうと推察した．そんな送迎の姿を見て，「もう少しそばにいてやって欲しい」と思うこともあった．
>
> ところが，給食の時間になっても「早くお母さんのところに帰りたい」と言って聞かない様子だった．担任BがAちゃんにその理由を尋ねてみると，昨夜から母親が体調不良で腹痛を訴えていたということだった．そのため「お母さんのそばにいてあげたい」ということで，保育所を休むと主張していたのである．
>
> 送迎時に母親は「朝はすみませんでした．甘えてばかりで困ったものです」と担任Bに言った．担任Bは給食の時にAちゃんが言っていたことを母親に伝えた．すると母親は「甘えてばかりと思った自分が恥ずかしいです」と落ち込んだように言った．その後，「先生，Aの気持ちを教えてくださってありがとうございます．心からAのことを愛おしいと思いました」と担任Bに伝えた．そして母親はAちゃんに「ありがとう．本当にありがとう」と言ってぎゅっと抱きしめた．

事例2-1は，普段から子どもたちの様子をよく観察している担任Bにとっても，はっと驚かされる出来事だった．泣きながら登園する子どもや保護者と離れることを嫌がる子どもは少なからずいる．Aちゃんもその日の気分や家を出る際の些細な出来事で保育所を休むと言っているものだと保護者も担任も思っていた．しかしながら，子どもなりに母親を心配し自分がそばにいてあげたいという意思を朝から主張していたのである．いつもより強い感情の揺れを見せるAちゃんの変化に気づき，担任が聞いたことでAちゃんは思いを表に出すことができた．そして，送迎の際，担任が保護者にそのことを伝えたことで，毎日育児や家事，仕事に追われ過ごす保護者が，Aちゃんの成長や子どもとの時間の大切さを気づくことができた．このように，子どもの気持ちや普段の姿から読み取れる子どもの成長を日々の関わりの中で保護者に伝えることで，子どもの**共通理解**につながるとともに，子と親をつないでいくことも子育て支援の1つとなる．

2　保護者の状況や気持ちを理解する

保育者は，保育対象にある子どもを観察し理解するとともに，子育て支援では保護者のよき理解者として保育を行っていく立場にある．保護者を理解するためには，保護者が置かれている状況やどのような思いをもって子育てをしているのか，日頃から様々な情報を得る必要がある．保育所保育指針の第1章「総則」では，保護者への援助について下記のように示されている．

第Ⅰ部　子育て支援の特性と展開

1　保育所保育に関する基本原則
（2）保育の目標
イ　保育所は，入所する子どもの保護者に対し，その意向を受け止め，子どもと保護者の安定した関係
　　に配慮し，保育所の特性や保育士等の専門性を生かして，その援助に当たらなければならない．
（3）保育の方法
カ　一人一人の保護者の状況やその意向を理解し，受容し，それぞれの親子関係や家庭生活等に配慮し
　　ながら，様々な機会をとらえ，適切に援助する．

　保育者は保護者との日々のなにげない会話や関わりを通して，1つずつ丁寧に情報を蓄積してい
くこととなる．その中で保護者の人となりや考え，子どもへの関わり方の意向を知り，保育者は理
解しようとする傾聴の姿勢が必要である．保育者は保護者の状況や気持ちを理解したうえで，子ど
もと保護者にとって，どのように援助していくことが最適なのか，その時々の両者の状況に配慮し
ながら支援に当たるために，専門職としてのコミュニケーション力と観察力，判断力が求められる．

第2節　保育者と保護者の信頼関係の構築

1　信頼関係構築の必要性

　第1節で述べたように，保育者が保護者の子育てを支えていくためには，子どもの状況だけでな
く保護者の状況や思い，方針など様々な情報を紐づけておく必要がある．そのためには，日常的な
関わりの中で情報を得る必要がある．ただ淡々と関わっているだけでは保護者から様々な話や情報
を得ることはできない．日々の子どもの成長の共有や保護者とのなにげない会話の積み重ねがあっ
て，**信頼関係**が構築され，保育者からだけでなく保護者からも関わりが増え，何かあった時には相
談できる相手となっていく．

2　バイスティックの7原則

　ソーシャルワークの原則として**バイスティックの7原則**がある．これはアメリカのソーシャル
ワーカーであり社会福祉学者のフェリックス・バイスティックが，ケースワークにおける**援助的信**
頼関係を形成するための原則を7つに整理したものであり，この原則を守ることでケースワーカー
とクライエントの信頼関係が構築される（バイステック，2006）．保育の場面では，クライエントは
保護者を指し，ケースワーカーは保育者を指す．**表2-1**のように，保護者がもつ身体的，情緒的，
知的，社会的，精神的なニーズ（第1の方向）を踏まえて，保育者が適切に反応し（第2の方向），
保護者は保育者が理解者であることに気づき（第3の方向），信頼関係が構築されていくというもの
である．

原則1　保護者を個人として捉える（**個別化**）
　保護者は，個人として捉えられたいという気持ちがあり，それに対し，保育者は1人の人として
接するという原則である．

第2章　保護者との相互理解と信頼関係構築　*21*

表2-1　援助関係における相互作用と基本的姿勢（バイスティックの7原則）

第1の方向： 保護者のニード	第2の方向： 保育者の反応	第3の方向： 保護者の気づき	各原則の名称	
1人の個人として捉えられたい	保育者は保護者のニーズを感知し，理解してそれらに適切に反応する	保護者は保育者の感受性を理解し，保育者の反応に少しずつ気づきはじめる	原則1	保護者を個人として捉える（個別化）
感情を表現し解放したい			原則2	保護者の感情表現を大切にする（**意図的な感情の表出**）
共感的な反応を得たい			原則3	保育者自身の感情を自覚して吟味する（**統制された情緒的関与**）
価値ある人間として受け止められたい			原則4	受け止める（**受容**）
一方的に非難されたくない			原則5	保護者を一方的に非難しない（**非審判的態度**）
問題解決を自分で選択し，決定したい			原則6	保護者の自己決定を促して尊重する（**自己決定**）
自分の秘密をきちんと守りたい			原則7	秘密を保持して信頼感を醸成する（**秘密保持**）

（注）各原則の名称のカッコ内の言葉は，同書籍の旧訳（田代不二男・村越芳男訳）(1965) である．
（出典）バイスティック（2006：27）をもとに筆者作成．子育て支援の場面を想定して分かりやすいように，本来の「クライエント」を「保護者」に，「ケースワーカー」を「保育者」に置き換える．

　保育者にとって保護者は複数いるが，保護者にとって保育者は1人である．そして，複数いる保護者は一人ひとり異なる考えを持ち，異なる環境で子育てをしている．保育者は経験を重ねていく中で，様々なケースに対応し子育て支援の知識や技術を習得していく．そういった中で，多数の保護者または同様のケースと事象をひとくくりにするのではなく，似たようなケースでも対象となる子どもや保護者は異なるため，個別に考えていく必要がある．そのために，保育者は日頃から子どもや保護者とコミュニケーションを重ねる中で，一人ひとりの考えや取り巻く環境を理解することが必要となる．

原則2　保護者の感情表現を大切にする（**意図的な感情の表出**）

　保護者は，感情を表現し解放したいという気持ちがあり，それに対し，保育者は保護者が感情を表出しやすいように意識的に関わるという原則である．

　保護者の抱える感情は，保育者が支援を行ううえで大切にしなければならない．保護者が持つポジティブな感情もネガティブな感情もどちらも大切であるため，保育者は両方を受け止める必要がある．しかし，どの保護者も両方の感情を表出できるわけではないことを保育者は理解しておかなければならない．保護者の様子や会話の流れ，目線のやり方などから表出できない感情に気づき，様々な感情を自由に表現するための意図的な関わりが必要になってくる．また，そういった感情の表出を促すためには，まとまった時間をとることや，安心して話ができる場所を設けるような**環境づくり**も必要である．バイスティックによれば，援助を進めるうえで有効であると判断するときには，保護者の感情表出を積極的に刺激したり，表現を励ましたりすることも必要となる．そういった関わりを通して，積極的に感情の表現を助けることもあれば，逆に制限することもある．援助と

22   第Ⅰ部　子育て支援の特性と展開

いう目的をもった関わりの場合，保護者の感情表出が単なる「うっぷん晴らし」で終わってはならないし，目的からそれた感情表出も不適切であるため，制限する場合は，否定的な反応と保護者に捉えられないように細心の注意を払わなければならない（バイステック，2006：55-63）.

原則3　保育者は自分の感情を自覚して吟味する（**統制された情緒的関与**）

　保護者は，共感的な反応を得たいという気持ちがあり，それに対し，保育者は自分の感情を統制しながら保護者に関わるという原則である.

　この原則は，まずは保護者の感情に対する**感受性**をもち，保護者の感情を**理解**し，さらには保育者自身がどのような感情でいるのか客観的に捉え，双方の感情について理解しようとすることである. そして，保育者が援助という目的を意識しながら，保護者の感情に適切に反応していくことである. この感受性とは，保護者の感情を観察し傾聴することであり，言葉によらない感情の表現，例えば，話し方の速さやためらいがちな話し方，表情や姿勢なども含まれる（バイステック，2006：76-93）.

原則4　受け止める（**受容**）

　保護者は，価値ある人間として受け止められたいという気持ちがあり，それに対し，保育者は保護者のあるがままの姿を**受け止める**という原則である.

　保育者が保護者のあるがままの考えや感情や行動を受け止めることで，保護者は安心感を持って話すことができ，それが援助をしていくうえで必要となる信頼関係につながる. 保護者の感情や行動の中には，ポジティブな感情や行動だけでなく，ネガティブなものもある. そのため，原則3で述べたように，保護者を受け止めるためには保育者の自己分析が必要となる. 受け止めるということは，肯定をすることでも容認をすることでもなく，受け入れることとも異なる. この点については，相づちのタイミングや言葉には十分に気をつけて対応しなければならない. また，ただ受け止めるだけが子育て支援ではなく，一旦全てを受け止めたうえで，改善や解決に向けて進めるよう支えていくことが保育者の役割となる.

原則5　保護者を一方的に非難しない（**非審判的態度**）

　保育者は保護者に対し，一方的に非難したり審判したりしないという原則である.

　子育て支援では，保育者が善悪や正否を判断して援助するものではない. 非難されたり審判されたりすると，保護者は心を閉ざしてしまう可能性もあり，円滑な子育て支援を拒む要因にもなってしまう. 保育者がただ素直に言動に対する理由を尋ねるために「どうしてそうしたのか」と問いかけるだけでも，受け手は責められている気持ちになることもある. また，「〜すべき」と言われると，自分の言動や考え方を審判されているような気持ちになることもある. 言葉だけでなく，対話の際の表情や声のトーンなど，言葉によらない保育者自身の感情表現にも配慮するとよい. さらに，他の保護者と比べることや，他者の実例を用いて説明することも，型にはめられるようで決していい気分にはならない. 保護者の感情や状況を受け止め，審判しないという態度は，援助関係を形成

する全ての過程を通して，深まってゆく（バイステック，2006：141-158）．

原則6　保護者の自己決定を促して尊重する（**自己決定**）

　子育ての主体を担うのは，保育者ではなく保護者である．子育て支援では，保育者が決めるのではなく，保護者自身が決めることを促して，それを尊重するという原則である．

　人は本来，自分で目標を決めて，それに向けて自分ができることを考えて生活している．子育てについても，保護者の価値観や思いがあり，それでも不安があったり困難さを抱えていたりする．そういった葛藤を受け止め，保護者とともに問題に対する解決策を専門職という立場から一緒に考え，適切な情報を提供することや十分に話し合いをすることにより，最終的に保護者が決定するように促すことが大切である．中には自分で決められない保護者や自分で決めるまでの余力がない保護者がいることも知っておかなければならない．自分で決めるということが自分に責任がかかるように感じるため，負担に感じるというケースもある．そのような場合でも，保育者の意図に沿った決定を促すことにならないように，保護者が自己決定に至るまで何に不安を感じ判断するために何の手がかりや情報が足りないのか，丁寧に保護者の話を聞いて，問題解決に向けて支えていかなければならない．また，保護者が悩んだ末決定したことに対しては尊重し，援助をしていくことが重要である．

原則7　秘密を保持して信頼感を醸成する（**秘密保持**）

　保育者は全国保育士会倫理綱領や保育所保育指針等において**守秘義務**が課せられており，保育や子育て支援をしていく中で知り得た子どもや保護者の情報を，決して漏らしてはならない．保育者が秘密を守ることで，保護者は安心して言いにくいことも相談できる．そうして信頼感を醸成するという原則である．

　保護者は，自分の悩みや不安を開示する際，相手を信頼して話すであろう．中には開示することで自分がどう思われるか不安を感じたり，それが第三者に知られたりしたらどうしようかと心配な気持ちでいる場合もあるだろう．そのような保護者の気持ちを理解したうえで話を聞くことと，保育者の倫理として秘密保持をしなければならないということが必要である．秘密保持については，第5章にもあるように**個人単位の秘密保持**と一定の条件下において生じる**複数単位の秘密保持**という考え方がある．保育における子育て支援については，複数担任の場合，ケース会議の場面，機関間の共有が考えられる．共有すべき事案も，個人単位での守秘義務を意識するあまり事態の悪化を招きかねないため，相談を受けた際は担任間もしくは施設長などへ情報を共有し，どの範囲までの共有が必要となるのか判断を仰ぐ必要がある．また，保育者間での情報共有が必要な場合は，あらかじめ保護者に伝えたうえで話を聞くことが大切である．事前に伝えておくことで，後に何かの折に共有したことが保護者に伝わった際に不信感を抱かせることやトラブルを避けることができ，円滑な支援につなげることができる．

●事例2-2　子育てと仕事を両立していると思われていた保護者Dさんの悩み

　Cちゃん（男児・5歳児）の保護者Dさんは，普段から送迎時に保育者と話をするのが楽しみであった．話の内容は，子どものことだけではなく，仕事の話や家庭も話も含まれていた．そんなある日，クラス担任に深刻な表情で相談に乗ってほしいと話があった．園長と相談した結果，Dさんと担任が話をしている間は預かり保育でCちゃんの対応を行い，面談室でゆっくり時間をとり，個別に話を聞くこととなった．

　普段の話からDさんは子育ても仕事も両立して，夫も協力的であると担任は把握していた．しかし，実際夫は多忙で持ち帰る仕事が多く，休日に時々家事を手伝う程度であり，家ではCちゃんとゆっくり関わるゆとりがないということだった．Dさんが家事や仕事をしている間は，Cちゃんにはテレビをみせて何とか日々やり過ごしているという．もうすぐ小学校に進学することを考えると，生活環境の変化への不安も募り，親としてCちゃんとの関わりがこれで良いのか，いっそのこと小学校進学を理由に，仕事を辞めようとも思い悩んでいることが分かった．

　担任は初めて聞くDさんの悩みに内心では驚くこともあったが，自分の考えやアドバイスを伝えることよりもDさんの気持ちに寄り添うことを意識しながら話を傾聴した．さらに卒園までに，折々に個別面談などを行うことを提案し，Dさんは安心した表情になったところで面談を終えた．

　事例2-2では，日々の関わりの中で保護者は保育者と信頼関係がしっかり構築されていたため，相談することができた．実際には保育者との関係が良好であっても，気軽に相談できる保護者ばかりではない．相談するという行為は，勇気を振り絞って打ち明けるということも理解しておきたい．

　保育者がDさんの深刻な表情から，立ち話ではなく，時間と場所を確保し，相談者が安心して話すことができる環境を整えた．その結果，Dさんが抱えていた悩みだけでなく，それに付随する様々な話も聞き取ることができた．

　いつも明るい表情のDさんの様子からは想像できなかった相談内容だったため，保育者は内心驚いたり，育児に協力的だと思っていた父親の実情に信じられないという気持ちがわきおこったりしたが，できる限り表情などに出ないように意識をしながら話を聞いた．

　さらにDさんの心情を受け止め，家事や仕事をしている間，Cちゃんにテレビをみせていることに対して保育者の立場からアドバイスを伝えたり，小学校進学をきっかけに仕事を続けるべきか悩んでいるDさんに保育者の意見を伝えたりすることはしなかった．

　相談の結果，Dさんが1人で悩みを抱えている状況であると分かったため，夫婦間で話す時間を取ることを提案した．話し合いを通じて，お互い知らなかったことを共有し，解決策を一緒に考える機会を設けることができた．また，DさんやCちゃんにとって一番良い選択をDさん自身にしてもらいたいという保育者の思いから，場合によっては，保育所で継続して個別面談の場を設けることができることも伝えた．すると，Dさんは肩の荷が下りたような表情で帰っていった．事例のように，1人で抱え込む保護者や，せっかく子育てと仕事を両立して頑張っていても仕事を辞めるという選択に至る保護者もいる．保育者は様々な状況にある保護者がいることを理解し，支援していかなければならない．

（松本亜香里・渡邊明宏）

第3章

保護者と家庭の課題に対する複層的理解と支援

学びのポイント

　本章では，保護者と家庭の課題に対する複層的理解と支援について取り上げる．子育ては極めて個別性の高い営みであり，保護者は様々な悩みを抱えるものである．日常的な悩みから子育て以外の問題が子育てに影響を与えている場合など多岐にわたる．したがって，ニーズの本質を掴むことが重要である．ここでは，子育てのニーズが生まれる背景を理解し，ニーズへの気づきとそれを正しく理解する視点について考えていく．

事前学習課題：3章の本文を読み，学びのポイントにあるキーワードについて，その言
　　　　　　　葉の意味を書き出しましょう．
事後学習課題：3章で学んだ内容から，あなたが保育者として何を大切にしたいのか決
　　　　　　　意表明しましょう．

　キーワード：支援のニーズ，ソーシャルワーク，パートナーシップ

第1節　保護者と家庭の現状

1　子育てに対する理解

　子育ては，各家庭・個人の固有の営みであり，同じ子育ては存在しない．誰にとっても初体験の連続だろう．妊娠から出産までの約10か月の間は，親としての準備期間である．子どもを育てるということは，少なからず大人の生活に変化をもたらす．この変化に葛藤することも少なくない．例えば，妊娠の時期が予定通りでなく，早かったり，遅かったりすることもある．仕事の予定との調整が立ったり，調整しながら進んでいたりする場合もある．子どもを授かり，産み，育てる生活への移行は，子どもとともに歩む生活の土台を作ることから始まる．

　出産後の生活は，妊娠から出産の期間に比べるととても長い．子育てをしながら，親は親として成長していく．大日向（2013：36）は「そもそも子育ては試行錯誤の連続で，どちらが正しいか選択を迷うような曖昧なことに悩みながら，ひとつずつ乗り越えたり，やり過ごしていかなければなりません」と述べている．夜泣きやぐずり，子ども同士の玩具の取り合いなど，様々な出来事が絶え間なく日々の生活の中で起こる．その時その場で起こることに対して，保護者自身も，喜びや戸惑い，不安や安堵といった感情を抱きながら子育てをしていく．楽観的に見つめられることもあれば，ずっと気になり続けることもある．同じ出来事であっても，それに対する感じ方，考え方はそれぞれである．保育者が出会う保護者の姿や出会ったときに聞くつぶやきに対し，見た印象や聞い

た内容に気を向けるだけでなく，生活の背景，社会とのつながりにも目を向け，本当に悩んでいることや困っていることは何かといったニーズの本質を見極める観察と評価が必要になる．一方で，このような保育者の視点による見方とともに，共感的理解と想像力を持った当事者視点での見方も欠かせない．当事者の視点に立つとき，一般化して捉えるよりも個別性のあるものとして捉えることが重要である．

2　子育て家庭の現状

1）　少子高齢化による子育て環境の変化

「保育所保育指針解説」（厚生労働省編，2018：3）の指針改定の背景および経緯に，「子どもが地域の中で人々に見守られながら群れて遊ぶという自生的な育ちが困難になり，乳幼児と触れ合う経験が乏しいまま親になる人も増えている一方で，身近な人から子育てに対する協力や助言が得られにくい状況に置かれている家庭も多い」ことが明記されている．群れて遊ぶということが，自然発生的に生じる地域もあるだろうが，そのために，地域子育て支援拠点事業等を活用している現状もある．地域によっては，子どもが他の子どもや集団との関わりを持てるよう具体的な行動をとる必要があるのが現状である．

　保護者はどうだろうか．日本社会では，少子高齢化の進行，核家族化や地域社会の関係の希薄化によって，子育て中の家庭の孤立化が高まっている．かつては，きょうだいや地域の子どもとの関わりを通して，子育てを学習する機会があった．この学習は，子どもに関わる大人の姿を見たり聞いたりすることに留まるものではなく，実際に子どもと関わる経験を通しても行われていた．地域の子どもたちが一緒に遊ぶこともその1つである．例えば，自分よりも幼い子どもや赤ちゃんと関わる中で，一緒に過ごす喜びや楽しさ，一緒に過ごせるように考えて工夫して遊ぶといった経験をする．なかなか言うことを聞いてくれない時や泣いている時の関わりなどを，試行錯誤したり，周りの大人に相談したり，大人や他の子どもがすることを真似る等を通して，体験的に学んでいた．さらに，親になって子育てを始めてからも，地域の関係が親密であり，子育て経験者が身近にいて，親として育つことを支えられる環境もあった．このような状況は，現代では失われつつある．

　この状況は育児不安の一因にもなっている．育児不安とは「子どもの成長発達の状態に，悩みをもったり自分自身の子育てについて迷いを感じたりして，結果的に子どもに適切にかかわれないなどに強い不安を抱いている状態」（大日向，2002：10-15）を指し，保護者自身では解決しづらく，周囲からのサポートがあることで育児への否定的な感情をうまく整理することができるものである．土谷（2021：6）は，子育てのつらさに関わる3要因をまとめている（図3-1）．土谷（2021：6-9）によると，「子育ての「つらさ」「ストレス」に最も影響が高いのは，「社会的要因」である．知識や技術を間接的に見て学ぶ・直接体験する／地域のサポーターと知り合うことは，つらさが軽減する．一人で頑張りすぎる「孤立した子育て（孤育て）」にならないように，地域につなぐ・つながる活動の推進の必要性」を述べている．

　子育てに関する学習機会の低下や喪失，子育ての伝承の機会の希薄化は，保護者や家庭にとって子育てが負担であると感じさせかねない．保育者等による支援や援助の中で子育ての負担感につい

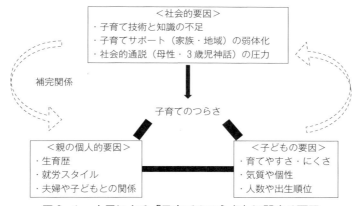

図3-1 土屋による「子育てのつらさ」に関する要因
(出典) 土谷 (2021:6).

て解決・緩和をはかることが望ましい．

2）子育て家庭の多様化

　子育て家庭の多様化として，ここでは，子どもを育てる立場にある者と子どもの関係に注目してみていく．子どもを育てる立場として誰を思い浮かべるだろうか．例えば，血縁関係のある父親，母親による子育てをイメージするだろう．共働き家庭を想像してみよう．祖父母と日中一緒に過ごし両親の帰宅を待つ家庭もあれば，日中は保育所等を利用している家庭もある．さらに子どもと家庭の生活の実態に目を向けてみたい．勤務形態が不規則で，家族がそろう時間が少ない家庭もある．夜間保育等に子どもを預け，眠った子どもを迎えに行って帰宅する家庭もある．ひとり親家庭，経済的に困窮している貧困家庭，若い年齢での妊娠（若年妊娠），晩婚あるいは晩産の家庭，多くの子どもを養育している家庭（多子世帯，多胎家族），児童福祉施設に子どもを預けている（預けていた）家庭もある．子どもが心身ともに健やかに養育されるよう，より家庭に近い環境での養育を目指す**社会的養育ビジョン**にあるように，養親と養子，里親と里子の関係で暮らす子育て家庭もある．

　保育者は，**子どもの最善の利益**としての適切な養育環境の保障に向けた施策の進行に伴い，子どもを育てる立場にある者と子どもの関係の多様化を想定しておくことになる．社会的養護に関係している場合を含め，望まない妊娠や出産，経済状況，保護者の心身の問題など，子育て家庭の実態は非常に個別性が高い．子育て家庭の支援ニーズは子育ての問題，子育て以外の問題の両方から複層的に捉える視点をもつことが望まれる．

3　保護者と家庭に対する理解

　現代の子育ては，少子化や核家族化，子育て家庭の多様化，地域とのつながりの希薄化の進行，共働き家庭の増加等といった子どもの育ちや子育てに関わる社会の状況の変化とともに歩んでいる．こども家庭庁（2023b）による「保育所等関連状況取りまとめ（令和5年4月1日）」によると，共働き世帯の割合は2021（令和3）年は71.4％，2023（令和5）年は73.7％と上昇している．仕事との両立，あるいは，学業や介護等との両立の中で子育てをしている家庭もある．保育所等の利用要件である保育を必要とする事由と保育の長時間化などからも，子育て家庭の様子が多様になって

いることがわかる.

　武田（2018：23）は,「日本社会は急速なスピードで, 競争化, 個別化, 情報化していき, 生活の格差は広がる一方」であることと「大人も子どもも時間に追われ, 余裕のない生活」をしていることについて述べている. 保護者と家庭が安心して子育てにのぞめることは, 全ての子どもの健やかな育ちといった**子どもの最善の利益**とつながることである. 保護者と家庭への理解と適切な支援を行う上で, 子育て支援のニーズを捉えることは欠かせない. ニーズに気づくにあたって, 社会の変化への理解とソーシャルワークの視点と機能はその一助となる.

第2節　子育て家庭の支援のニーズと気づき

1　子育て家庭の支援のニーズの見つめ方

　保育者が出会う子育て家庭に対して, 皆さんはどのようなイメージをもっているだろうか. どのような支援ニーズを持っていると推測しているだろうか.

　2016（平成28）年から始まった子ども・子育て支援新制度の利用者支援事業には, 次のような子育て家庭の声が紹介されている[1]. 例えば,「最近子育てがしんどいです……」「病院に行くときに, 子どもを預かってほしい……」「子どもと気軽に遊びに行ける場所はありませんか?」といった声がある. これらの内容に対して,「なぜ?」「こんなことを?」という感想を持つかもしれないが, これらのことを悩みとして抱き, 支援を求めている背景に目を向けることが大切である. 些細なことと捉えられるようなことであっても, 実際に困難さを抱いているという事実に目を向ける必要がある. 子育て家庭の様子を捉えるには, 目の前にいる子育て家庭の様子やつぶやき等に注目するだけでなく, 地域社会とのつながり, 身近に子育て家庭を支え相談できる環境を持っているかといったことも視野に入れた**ソーシャルワーク**の視点で捉えることにより, ニーズの本質が一層見えてくる. 子どもの性格・気質, 成長発達の様子と, どういった環境で子育てをしているのか, 全体像を捉えることが大切である.

2　子育て家庭における生活課題と支援のニーズ

　2008（平成20）年改定時の「保育所保育指針解説書」（厚生労働省編, 2008：185）では, **ソーシャルワーク**の定義を「生活課題を抱える対象者と, 対象者が必要とする社会資源との関係を調整しながら, 対象者の課題解決や自立的な生活, 自己実現, よりよく生きることの達成を支える一連の活動」としている. 生活課題とは, 生活の中で生じる悩みや不安を指す. 保護者の悩みや相談, 子育てに関する具体的な相談内容について**表3-1**に示す. 食事・排泄・睡眠・入浴等の生活習慣や健康に関する内容を見ると, 日々の家庭生活の中で生じる内容が並んでおり, 子どもの成長発達によってその内容が変わることが読み取れる. 保護者の子育てに関する悩みや不安は, 子どもの成長発達

　1）こども家庭庁HP「よくわかる「子ども・子育て支援制度」
　　〈https://www.cfa.go.jp/policies/kokoseido/sukusuku#riyousha〉2024年8月18日アクセス.

第3章　保護者と家庭の課題に対する複層的理解と支援　*29*

表3-1　子育て相談の内容

項　目		相談内容の例
生活習慣	食事	母乳の量や授乳の間隔，母乳からミルクへの切り替え スプーンや箸の始める時期や教え方 たくさん食べたがり，とめると癇癪を起す 離乳食，好き嫌い，食の細さ，食事が遅い，偏食など
	排泄	おむつ，おまる，おもらし，トイレットトレーニングなど
	睡眠	睡眠時間，寝つきが悪い，なかなか寝ない，昼間寝ない，夜寝ない，夜泣きなど
	入浴	沐浴の仕方，入浴時間，お風呂を嫌がる　など
	その他	歯磨きを嫌がる，身支度に時間がかかる　など
成長・発達	運動発達	首の座りが遅い，はいはいをしない（遅い），歩き始めが遅い，よく転ぶ，手先が不器用　など
	言葉	言葉をなかなか話さない，発音が不明瞭，吃音，暴言をいうなど
	学び	子ども同士で一緒に遊んでいるときに，相手の顔をひっかく 玩具の貸し借りができない，無理やりとってしまう 子ども同士で遊ぼうとしない，遊びが広がらない 「なんで？」「どうして？」としつこく聞いてくる． 登園をいやがる．
	人間関係	保護者から離れられない，人見知り 赤ちゃん返りへの対応 子ども同士で遊べない 仲直りができない　など
	くせ	指しゃぶり，爪かみ，おもちゃを口に入れる　など
健　康		病気の対応，あせも対策，感覚の過敏さ・鈍感さなど
生活環境	家庭	家族内の育児態度や方針，家庭内不和，家庭内暴力，家事の分担や協力，家族・親戚の関係，主たるコミュニケーションが日本語以外の場合　など
	近隣・地域	遊び場探しやママ・パパ友作り，子どもの友達作り　など
しつけ等		いやいや期の関わり方，おもちゃ選び， 習い事はさせたほうがいいのか，時期はいつからか．

（出典）日本保育協会（1998）および全国保育士会HP「保育士がこたえる子育て支援Q&A」をもとに筆者作成.

に応じて生じ，解決や改善したと思うと，また新たな悩みや不安がでてくることの連続であろう．
　次に，成長・発達に関すること，生活環境に関することを見ると，わが子と他の子どもとの関わり，家族関係や親戚関係，近所付き合いなど内容は多岐にわたっている．日常の生活は，掃除・洗濯・調理等の家事，経済状況とお金の管理，外出等の予定，家族関係の形成と維持等があり，ここに子育てが加わるのが子育て家庭の生活である．さらに，仕事や学業，介護等との両立も想定すると，子育て支援は子育ての営みのみを捉えるのでは不十分で，子育てに関する悩みや相談の中に，生活上の別の課題を抱えている可能性や社会とのつながり等の状況をも捉えて理解することが必要である．
　このような生活課題に応じるように，「保育所保育指針解説」（厚生労働省編，2018）では，多様化する保育ニーズに応じた保育，特別ニーズを有する家庭への支援，児童虐待の発生予防及び発生時の迅速かつ的確な対応など，より重要性が増していることを指摘している．具体的には，支援のニーズとして病児保育や延長保育のニーズがあり，子どもに障がいや発達上の課題がみられる場合，外国籍家庭や外国にルーツをもつ家庭，ひとり親家庭，貧困家庭等の特別な配慮を要する家庭や不

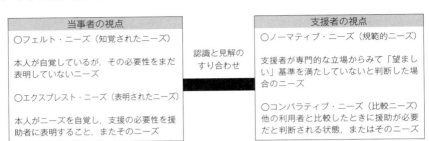

図3-2 ニーズの種類と適切なニーズ把握

(出典) 笹師 (2014:34-42) をもとに筆者作成.

適切な養育等が疑われる家庭等があげられている.

3 ニーズの種類と気づき

ニーズには種類がある.笹師(2014:34-42)は,ニーズの種類を,図3-2で示すように大きく2つに分類している.ニーズは,子育て家庭からの援助を求める動きから始まる場合と,子育て家庭を支援している専門職がニーズの存在に気づき,保護者等は気づいてはいないが援助の必要性を働きかける動きから始まる場合とがある.いずれの気づきにおいても,援助の中で解決に至ったり,ニーズが緩和したり改善されることを目指し援助をしていくことになる.例えば,言葉の遅れ等の障がいや発達上の課題に保育者が気づき,子どもの成長発達を願いながら保護者に少しずつ話していく.保護者の子どもへの関わり方が気になり,保護者の思いや考えを読み取りながら養育力向上につながっていくような関わりをするといった内容である.

表面化しているニーズのほかに,潜在化し,まだ見えないニーズがある可能性も考慮しておく必要がある.援助を必要としている生活課題について,①どのような課題が起きているのか,②なぜ,生じたのか,③どのような援助を必要としているのか,していないのか,④子育て家庭は何を望んでいるのかを捉え,保護者理解をしながら,自己選択・自己決定を尊重した関わりをすることが大切となる.子育て家庭の悩みや困難さの全てが援助対象となるわけではない.保護者自らが解決していけることもあることに留意し,子育て支援を行うことを通して,**子どもの権利や子どもの最善の利益**につながるよう援助していく.

第3節 支援のニーズに対する複層的理解とその方法

1 保護者が相談し信頼を寄せることにつながる基本的態度

保護者に対する基本的な態度として,一人ひとりの保護者を尊重し,ありのままを受け入れる**受容的態度**が重要である.受容については,「保育所保育指針解説」(厚生労働省編,2018:329)をもとに確認をしておきたい.**受容**とは,「不適切と思われる行動等を無条件に肯定することではなく,そのような行動も保護者を理解する手がかりとする姿勢を保ち,援助を目的として敬意をもってより深く保護者を理解すること」である.ありのままを受け入れるということは,その人の悩みや不

安を，その人の視点で捉えることが必要であるが故に強調されている．保育者が保育者の視点だけで，保護者の様子やつぶやき等の内容を評価していては，支援のニーズの本質を見失いかねない．保護者の支援のニーズは，極めて個別性が高いものであることに留意し，安易に「よくあること」と一般化せず，また，**プライバシーの保護**や**守秘義務**を遵守することが大切になる．また，相談をしたい相手となり得るよう，日々の何気ない会話や子どもと保護者の遊びの場の保障の中での関わりを糸口に信頼関係形成に励み，あたたかなやり取りの中で援助していくことが大切である．

　子育て家庭を支援する保育者は，保護者や家庭の状況を個別性のあるものとして捉え，子どもや子育てに対する思いや考えを丁寧に汲み取り，受け止めることが必要である．第2章でも詳述したように援助者としての基本的な態度である**バイスティックの7原則**を活用することで，良好な**パートナーシップ**を築くことにつながる．

2　保護者の「成長する力」への期待を込めた理解

　子育てはきわめて個別性が高く，養育力はそれぞれのあり様に沿うものである．保護者一人ひとりに，その人のもつ強さや長所といった**ストレングス**がある．そのストレングスを見出し，一緒に考えたり悩んだりしながら，保護者自身が自分で歩み進めていけるよう関わっていくことが大切である．保育者の保護者に対する捉え方が否定的であった場合は，見方を変えたり，その中にストレングスが隠れていたりする場合もあるので，リフレーミングといった物事の見方を変える方法を活用しながら，保育者は様々な可能性を考え，俯瞰して見つめていくことが望まれる．

　保護者は子どもを育てながら自分自身も親としての育ちを進めている．その人なりの成長する力を持っていることを信じて，期待して，関わるといった**エンパワメント**の視点も大切である．渡辺（2018：48-49）は，「エンパワメントの基本は『寄り添う』ことにあり，保護者の成長のために必要な葛藤を肩代わりせず，"ともに考える"視点を大切にしてほしい」と述べている（図3-3）．時間がかかったり，ぎこちなかったり，解決・緩和・改善に向けた最短距離での歩みでなかったとしても，保護者自身がわが子に適する子育てを自分なりに考え，試し，うまくいかない場合は別の方法を考えて試行錯誤する経験は，保護者の養育力向上につながる．保護者は子育てを通して親らしく育っていく側面を捉え，保護者の成長する力への期待を込めた理解をもって関わることが望まれる．

3　チームによる多面的理解

　ここで言うチームとは，**施設内連携**と**施設間連携**である．保育所等でいえば，「保育所保育方針解説」（厚生労働省編，2018：345）では，保育に携わる保育所職員を保育士，看護師，調理員，栄養士等としており，各々の職務内容に応じた専門職が集っている．保育環境は園舎全体を指すと考えると，子どもの様子は園全体で見守っているともいえる．例えば，昼食の配膳の際に元気よく「いつもおいしいご飯をありがとう」と伝えるAちゃんの姿を調理員から聞いたクラス担任が，Aちゃんの保護者にその様子を伝え，子どもの様子を共有する．また別の場面では，新年度を迎えた新たなクラス担任として出会った保護者が，昨年度のクラス担任と話している場面をみかけ，その保育

図3-3　子育ての不全感と支援者のかかわり

(出典) 渡辺 (2018：49).

者から保護者の様子について情報を得るなどがある．このように保護者を理解する際，自分が見て捉えた情報に加えて，他の保育者や専門職から得る情報を合わせることで新たな気づきや確認が進み，保護者のことをより的確に理解することに近づく．チームとしてそれぞれの理解や気づきを共有し，保護者を多面的に捉え，複層的に理解していくことは，子育てのニーズに対する支援を柔軟にし，より保護者の支援のニーズと自己決定を反映した個別性のある内容として取り組むことにつながる．保育者の行う子育て支援は，保育の特性と保育者の専門性に基づいて行うものであり，保育者が全ての相談や事例に対応できるわけではない．子育ての支援のニーズは，子育ての問題，子育て以外の問題が関係している場合もあるため，保育者による対応が難しい場合は市区町村や児童相談所，保健所・保健センター，児童発達支援センター，児童家庭支援センター，子ども家庭センターなどの専門機関やその他の利用できる社会資源を活用し，専門機関および専門職同士が連携をとりながら支援を行うことで進めていく．日ごろから，地域との連携・協働をとり，社会資源についての情報を把握していくことが必要である．

（鈴木晴子）

第 4 章

子ども・保護者が多様な他者とつながる機会・場の提供

> **学びのポイント**
>
> 　多様な他者とともに生きるためには自分の感情を調整し，相手に応じて心理的な距離をはかるような「関係性を形成する経験」が必要となる．しかし現在，子どもたちが家族以外のおとなと子どもに関わる機会は少なく，多様な他者と関わる経験が乏しい．本章では，子どもと保護者が多様な他者とつながる意義，保育者の役割を確認し，子どものウェルビーイングを実現するために求められるコミュニティとはどのようなものかを考える．
>
> 事前学習課題：4章の本文を読み，学びのポイントにあるキーワードについて，その言葉の意味を書き出しましょう．
>
> 事後学習課題：4章で学んだ内容から，あなたが保育者として何を大切にしたいのか決意表明しましょう．
>
> 　キーワード：多様な他者，つながる，機会・場の提供

第1節　子ども・保護者が他者とつながる場・機会の保障

　保育所保育指針第1章によると，保育所等には，入所する子どもの保育を行い，その健全な心身の発達を図るだけでなく，家庭と緊密に連携しながら子どもの状況・発達過程をふまえて養護及び教育を一体的に行うという基本原則がある．この原則をもとに保育者は，保護者の気持ちに寄り添いながら保護者とともに子どもを育てる保育の営みを行う．

　この際，子どもと保護者がどのような状況に置かれ，また，地域社会や日本の社会全体の中で子育て家族がどのような状態にあるのかを把握しておくことは，子どもとその保護者に適切な支援を提供していく上で不可欠となる．

　まず，日本の世帯数全体の変化について見てみる．厚生労働省「国民生活基礎調査」（2022（令和4）年）をみると，子どものいない世帯の割合は2001（平成13）年には71.2%であったが，2022（令和4）年には81.7%に増加している．また子どものいる世帯の構成は，どのように変化しているのか．「児童の有無の年次推移」をみると，2001（平成13）年には世帯内の子ども数「1人」が12.2%，「2人」が12.2%，「3人以上」が4.3%であったが，2022（令和4）年にはそれぞれ9%，6.9%，2.3%であり，きょうだいのいる子どもが減少している．また，「三世代世帯」が減少する一方，「夫婦と未婚の子のみの世帯」（78.1%），「ひとり親と未婚の子のみの世帯」（6.3%）は増加傾向にある．

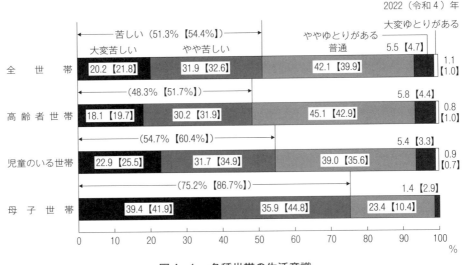

図 4-1　各種世帯の生活意識

（注）【　】は2019（令和元）年の数値である．
（出典）厚生労働省（2023c：16）．

　これらは何を意味するのか．1つには子どもたちが社会で少数者となり，「おとなが子どもに慣れにくい環境」になっていることがあげられる．また，子どもの育ちという観点からすると，子どもが地域の中で**群れて遊ぶ**ことが難しく，子どもが**多様な世代の人々と関わりながら社会性を学ぶ機会**が減少している．

　乳幼児と触れ合う経験が乏しいまま保護者になり，子育てに不安を抱く人も少なくない．さらに，晩婚化の影響で自分の子どもと親の**ダブルケア**が生じたり，自分の育った市町村以外で子育てをすることで，身近な人々からの協力を得にくい状況に置かれている人も少なくない．こうした状況の中で子育てへの負担感，社会的な孤立感を抱く人は依然として存在する．

　また，外国籍家庭，ひとり親家庭，ステップファミリーといった多様な家庭も増えている．また，多胎児を育てている家庭，低出生体重児を養育する家庭，慢性疾患のある子どもと暮らす家庭もある．

　これらの家庭の中でも特にひとり親家庭の経済状況は厳しく，各種世帯の生活意識をみると，母子世帯の75.2％が「苦しい」と回答している．各家庭の経済格差は，子どもの体験にも影響を及ぼしており，今井（2024：3）は，「したいと思えば自由にできる（させてもらえる）子どもどもたち」と，「したいと思ってもできない（させてもらえない）子どもたち」がいて明らかに大きな格差があると指摘している．

1　子どもにとって多様な他者とつながることの意味

　少子化社会において，保育所・幼稚園・認定こども園等（以下，園）の子どもの育ちに果たす役割は非常に大きい．園は，子どもが集団で過ごす生活の場である．子どもたちは，他の子どもに自己主張したり，いざこざが起きたりすることで，対人場面での適切な行動・言い方があることに気づく．こうした経験を積み重ねることで，自分とは異なる子どもとの関わり方を学習する．さらに，

思い通りにいかない時に，表出した不安定な感情を保育者から受容的に受け止められることで，子どもは自己を発揮しながら自分の感情を調整し，状況との折り合いをつけることを身に付けていく．

　他方，地域で暮らす多様な他者と子どもの間に，つながりが生まれることも重要である．近年，平日に園以外で，友達，きょうだいと一緒に遊ぶ子どもの比率が減少する一方，母親と一緒に遊ぶ子どもの比率は増えている（ベネッセ教育総合研究所，2015）．

　子どもが，同じ地域に住む他の子どもの保護者，高齢者，外国にルーツのある人，障がいのある人，様々な年齢，状況，立場の人々と出会うことは，社会が多様な人々で成り立っていることへの理解を助ける．また，緊急時には，子どもの所在をたどるネットワークにもなりうる．

　子どもによっては，家族ではない他者との**つながりが「支え」になる**ことがある．全ての家庭が，安全で子どもが安心して過ごせる場所になっているわけではない．保護者自身が社会的に孤立し，また経済的・心理的な負荷が大きく，複数のリスクを抱え，子どもの養育・発達過程を支える役割を担えない状態の家庭もある．こうした家庭に生まれ育つ子どもたちが，自らの手で衣食住を整えることは難しく，親・家庭の代替となるような環境（ヒト・モノ・コト）とのつながりが必要となる．

　例えば，広島市で保護司として活動している中本忠子氏の実践は，子どもとその家族に無償で食事を提供するだけでなく，子どもたちが社会性を学びなおし，自分をさらけ出せるような心の居場所となっている（伊集院，2017）．しかし，この事例のような，**子どもの幸福に関心を寄せるおとな**との出会い・支援とつながれなかった時，子どもたちの安全と安心が脅かされるリスクが高まる．沖縄県で，暴力の被害者である未成年の子どもたちから聞き取り調査を行っている上間（2017）は，家庭に居場所がないリスクの高い層の子どもたちが，自分を大切に思えず，暴力・事件に巻き込まれやすくなっていることを明らかにしている．

2　保護者にとって多様な他者とつながる機会・場があることの意味

　ベネッセ教育総合研究所による「第6回幼児の生活アンケート」（2023）をみると，2015（平成27）年から2022（令和4）年にかけて，「子どもがわずらわしくていらいらしてしまうこと」があるといった否定的な感情が増加する一方，「子育てによって自分も成長していると感じること」があるといった肯定的な感情が減少している．保護者への育児の負担を過度にしないために「ひとりだけで子育てをしている」と感じないよう，他の保護者とつながる環境を意識的に整備する必要がある．

　では，保護者が多様な他者とつながる機会・場には，どのような役割が期待されるのか．例えば，地域子育て支援センター（地域子育て支援拠点事業）には，一般型と連携型があるが，いずれも地域の身近な相談場所であり，情報提供を行ったり，親子の成長を促したりする場所として機能している．具体的には，保護者が子育ての技術を学び養育力を伸ばしたり，他者との交流を通して子どもの発育・発達について見通しをもったりできるような講座が開催されている．こうした講座では，子育て中の親子が相互に交流できるように保育者がファシリテーター役となり，意識的に関係性をつなぐ役割を果たしている．

　こうした場は，保護者の性別にかかわらず必要である．男性の保護者も，子育てに不安を感じたり，社会的な孤立感を抱いたりすることがある．こうした時に子どもの育ちを一緒に見守るおとな

がそばにいることで，孤立感を軽減できる可能性がある．第3子の出産後に育休を取得した榎本（2024：23）は，男性であっても育休中に女性と同じような社会からの孤立感を感じ，「ちょっとした相談，失敗した時や落ち込んだ時の愚痴」といった事柄を話せる「ちょっとした相手」──「おとなと話ができること」の大切さを述べている．

　さらに，子育て中の親が，怒り，悲しみ，苦しみといった負の感情を吐露できたり，睡眠不足やうつ気味の状態にあることを安心して話せたりすることは，子どもと保護者の将来のしあわせにとって非常に重要な意味をもつ．ポール・タフ（2017：56）は，乳幼児のいる家庭の保護者へのアタッチメントに焦点を当てた家庭訪問の成功例を示した上で，「訪問者が共感や励ましを通して，子どもとの関係について気を楽にさせ，**親としてこれでいいのだという安心感を持たせている**」（強調筆者）と述べている．

　特に産後うつの発症率が高い時期には，乳児家庭全戸訪問事業（こんにちは赤ちゃん事業）が実施されている．この訪問事業は，原則として生後4か月までの乳児のいる全ての家庭を保健師，助産師，保育士，母子保健推進員といった支援者が訪問する．そして，育児に関する不安・悩みを傾聴したり，子育て支援に関する情報を提供したりするとともに，乳児とその保護者の心身の様子，養育環境を把握し，さらに支援が必要な場合は，関係機関との連絡調整を行う．

　他方，園では，保護者の子育てに対する自信や意欲を支えていくための方法・機会が複数ある．具体的には，連絡帳，保護者へのお便り，送迎時の対話，保育・教育参観や保育・教育への参加，親子遠足や運動会などの行事，入園前の見学，個人面談，保護者会といった方法・機会である．

　子どもと向き合い寄り添いながらも保護者の心は揺れ動いている．「この方法であっているのか」「子どもはきちんと育っているのか」「自分は親としての役割を果たせているのか」といった不安・悩みが生ずる．これらに対して支援者はすぐに答えを返すのではなく保護者が自分で考えて解決策を見つけていけるように，いくつかの選択肢を提示するなどのサポートを行う．保護者の語りを傾聴し，自己決定を尊重しながら支援していくことが重要となる．

●事例4-1　葛藤する保護者への支援

　Tさんは実家が隣県であり，日中はSちゃん（6か月，男児）を1人で育てている．今日は子育て支援センターで開催された子育て学習会に参加した．臨床心理士が乳幼児の心身の発達について話した後，質問タイムでTさんは次の質問をした．「夕飯をつくっている間にSちゃんから目を離すとうつぶせになっていて，しばらくすると泣くんです．どうしたらいいでしょうか……」．隣にいた保育者は，Tさんが本当は何を知りたいと思っているのかを掘り下げ，また，その時の状況を確認するために「泣いたときには，いつもどうされていらっしゃいますか．それと，特にどんなことが気になっていらっしゃいますか」と聞いた．すると，「うつぶせになって息ができなくなってしまうのではないかと心配で……．でも，抱っこするとお料理ができないので……」とTさんは話した．保育者の問いかけにより，Tさんはより具体的に，自分が何に困っているのかに気づくことができた．「なるほど，お料理もしたいけれど赤ちゃんの状態も気になりますよね．赤ちゃんにとっては，うつぶせの遊びは筋肉を鍛えたり主体性を育んだりするためにとても大切です．ただ，長い時間だと少し苦しいのかもしれません．赤ちゃんの胸の下にタオルやブランケットを入れてみてはいかがでしょうか．それも心配なようでしたら，おんぶもいいですよ．お料理のにおいや音を一緒に感じるのも赤ちゃんにとっては刺激になりますし，肌が

触れ合っているので安心感もあります」と保育者は伝えた．これを聞いた保護者は，「なるほど．確かにちょっとつらそうにしていたかもしれません．お家でも試してみます」と言い，笑顔で帰宅した．

　一方で保護者を勇気づけるのは専門家だけではない．立場・境遇の近い人が集まり，ピア（仲間）グループとして学習し，活動していくことで，身近な社会を変える力を身に付けていくことがある．例えば新潟市では，公民館が主催して乳児期家庭教育学級という学習機会を提供している．ここでは，おおよそ3か月ごとの出産時期に分けて募集された保護者同士が，それぞれの時期に応じたテーマを学び合いながらネットワークを形成していく．保護者が抱える悩み・困りごとは子どもの発達過程で異なる．**表4-1**は3か月から5か月の乳児の母親が，自分が悩んでいると思っていることの一覧である．離乳食の進め方といった乳幼児の育て方に関する項目のほか，保護者の心身の負担について，あるいは家族内での調整，さらに自分自身のキャリアと多岐にわたっている．

　これらの悩み・困りごとは，似た状況にある保護者だから分かち合えるところが多く，ともに聞き合うことで，保護者は「悩みを抱えるのは自分だけではない」と感じ，他者の知恵を借りながら解決策を見つけていくことができる．

表4-1　保護者の悩み・心配事（3か月〜5か月の乳児の母親の回答）

・離乳食の進め方
・離乳食を始めるタイミング
・日中布団で寝なくなり，抱っこおんぶが負担
・困ったときにどこへ相談したらよいか
・夫も協力的だが，自分に余裕がなく，喧嘩になる 　子どもたち相手にすぐ余裕がなくなってしまう
・週末の過ごし方
・きょうだいで生活パターンが違うため，どうしたらいいか
・仕事復帰に向けての話を聞きたい

（出典）渡邉（2023）．

第2節　異年齢・多様な子どもの集団が育む子どもの育ちと子どもへの支援

1　子どもが育つ環境としての子ども集団の役割と子どもたちの多様性

　多様な年齢の子どもが複数集まる子どもの集団は，子どもたちにどのような力を育むのだろうか．まず1つに，人と関わろうとする力を育むということがあげられる．人と関わるというのは単にうまく付き合うということではない．子どもたちは，自分とは異なる他者と関わる中で，悲しい，嬉しい，悔しい，楽しいといった**感情体験**を味わい，自他の多様な感情に気づいていく．また，思いの異なる他者と出会い葛藤しながらも，自分の願望と相手の要求との調整を試みたり，自分の想いを相手に伝えたりしようと工夫する．ともに遊び活動する中で，自分の感情に気づき，調整し，思いを言語化する．こうした自己認識，関係性を築くスキルと実行機能，アタッチメント，ストレス管理，自制心は，レジリエンス，好奇心，学業への粘り強さといった**高次の非認知能力の基幹**とな

38 第Ⅰ部 子育て支援の特性と展開

る部分である．すなわち，子どもたちは他の子どもたちと遊んだり関わったりする中で，学びの根となる部分を育んでいる．また，仲間とともに遊ぶ中で相手の重さ，熱量，大きさ，動き方，言葉の発し方，声の高低・強弱，表情，感情の表現といった生の情報を受け止め，相手とのやりとりを通して，関わる度合い，関わる方法，あるいは関わらずにともにあるという過ごし方を学んでいく．

2 子ども同士の関わりを支援する保育者の役割

子どもたちの年齢が異なると発達過程の差異の幅が大きくなり，子どもたちに多様な学びの機会が生まれる．例えば，年上の子が年下の子の活動を手助けできるのは，年下の子がそれをするのが難しいと体験的に理解しているからである．つまり，手助けする側にとっては，相手に合わせて言葉がけを工夫したり，相手に合わせて手を貸したりする術を身に付ける機会になる．他方，年下の子にとっては，年上の子の活動を見て憧れ，新たに挑戦しようとする意欲を育む機会になり，また，年上の子の活動を手伝うことで人の役に立つ喜びを味わうことにもつながる．

このように子どもたち同士の関わりをつなぐ役割を担うのが，保育者である．例えば，異年齢の子どもたちが協力して行う活動を計画したり，保育の場面で子どもたち同士のやり取りを仲介したりすることである．子どもたちの縦と横のつながりを意識して活動を展開することで，子どもたちに多様な他者と関わる経験が生まれてくる．

第3節 地域社会に開かれた子育ち・子育て支援

1 子どもの居場所としての地域社会

こども家庭庁では「こどもの居場所づくりに関する指針」の第3章において目指したい未来を「どんな環境に生まれ育ったとしても，誰一人取り残さず，全てのこども・若者が自分の居場所を持ち，健やかな成長や身体的・精神的・社会的に将来にわたって幸せな状態（ウェルビーイング）であることである」（こども家庭庁，2023f：8）と示し，この実現に向けて，次の4つの基本的な視点を提案している．

【ふやす】 〜多様なこどもの居場所がつくられる〜

【つなぐ】 〜こどもが居場所につながる〜

【みがく】 〜こどもにとって，より良い居場所となる〜

【ふりかえる】 〜こどもの居場所づくりを検証する〜

では地域社会は，子どもにとってどのような場所となりうるのか．『幼稚園教育要領解説』（文部科学省，2018：133-134）では，最近の幼児は「地域で異年齢の子供たちと遊んだり，働く人と触れ合ったり，高齢者をはじめ幅広い世代と交流したりするなどの直接的・具体的な体験が不足している」ため，「地域の資源を活用し，幼児の心を揺り動かすような豊かな体験が得られる機会を積極的に設けていく必要がある」と述べている．また，地域の祭りや行事に参加することについては，「自分たちの住む地域に一層親しみを感じたりすることもあろう」とある．

子どもが一個人として地域社会に所属していると感じられ，自主的・主体的に社会を形成していけるように，おとな側は意識的に地域社会の環境を整えていく必要がある．保護者は「親」という役割を背負っているため，子どもへの管理・制限が強くなりがちであるが，保護者ではない第三者が「育み手」となることで，子どもたちが伸び伸びと遊べたり，斜めの関係だからこそ話せたりすることもある．逆におとなも，地域の子どもたちと触れ合うことで学びを得ることがある．

例えば，新潟市秋葉区の新関地区では，地域のコミュニティ自治組織が放課後児童健全育成事業を担っている．ここで示した放課後児童クラブとは，小学校に就学する児童で，昼間は保護者が就労等で家にいない児童に，授業の終了後に適切な遊び・生活の場を提供して児童の健全育成を図る事業である．この事業を担っている地域住民の1人は，子どもたちとの関わりを次のように語っている．

「うちはみんな，『ただいま〜っ』て言って帰ってきて，『お帰り〜っ』て迎えるんですわ．子どもたちから元気をもらえているなあと，他の利用者の方も感じているんじゃないかなあと思います．わたし自身もね，子どもと一緒に生活している喜びを感じています．子どもを見ると何とも言えない気持ちになりますね．我々にとっても一つの喜びですわ」(渡邉，2021：58)．

この語りにあるように，地域の住民にとって子どもと関わることは，子どもとともに暮らしていることを感じ，育ちを喜ぶ機会になっている．こうしたまなざしがあることで，子どもたちは，地域を，自分の居場所であるという安心感のある空間──「場所アイデンティティ」(渡辺，2019：225)として認識していくことができる．

2　保護者の社会的孤立を防止することによる子どもの育つ権利の保障

一方，子どもに最も近い環境である保護者には，どのような支援が必要なのだろうか．産前・産後および乳児期の保護者には特に，子どもから一定時間離れて，自分の**レスパイトケア**に充てられる時間と場が不可欠である．こうした時間と場を提供している「パパママ銭湯」という事業（施設付設型の一時預かりサービス）のアンケートには，次のような回答が寄せられている．「知らない土地での育児で心細かったのでいろいろと教えていただき，本当にありがとうございました」「お風呂の中に泣き声が聞こえない，泣いているのかな？　という幻聴もないという時間はとてもありがたかったです」「ゆっくりできて久しぶりにご飯も一人でらくらく食べられてよかったです」(はぐハグ，2023：7)．

これらの感想のように保護者に休息する環境が提供されることは，保護者が自分の状態を客観的に見つめて子どもへの愛情を再確認していくことにつながる．また，こうした機会をきっかけにして子どもと保護者の双方がコミュニティとつながれば，子どもと保護者が**適切に自立・分離していくことを支えていくことにもなる**．すなわち，子どもが将来にわたり身体的・精神的・社会的に幸福な状態であるためには，おとな同士がつながり安心できる場が必要であり，**子どもの世界を面白がり，喜び合えるような関係性とコミュニティをつくっていくことが肝要となる**．

（渡邉　　彩）

第5章

子どもおよび保護者に関する情報の把握

学びのポイント

本章では，子ども及び保護者に関する情報について取り上げる．保育相談支援を行うために情報は必要不可欠である．しかし，2005（平成17）年に個人情報保護法が施行されて以降，保育者は子どもや保護者，家庭に関する情報について「何を」「どのように」「どの程度」把握するべきか，より一層戸惑いを感じるようになった．そこで本章では情報をとりまく現状について概観したあと，保育相談支援を行うために必要とされる情報や情報の活用方法，そして情報に対して保育者はいかに向き合うべきかについて論じる．

事前学習課題：5章の本文を読み，学びのポイントにあるキーワードについて，その言葉の意味を書き出しましょう．

事後学習課題：5章で学んだ内容から，あなたが保育者として何を大切にしたいのか決意表明しましょう．

キーワード：情報共有，アセスメント，個人情報，守秘義務

第1節　情報をとりまく現状

1　情報とは

『広辞苑　第七版』によると，**情報**とは「①あることがらについての知らせ，②判断を下したり，行動を起こしたりするために必要な，種々の媒体を介しての知識」とある．

また経済学者であるガルブレイスは「職務を完遂するために必要とされる情報量と，すでに組織によって獲得されている情報量とのギャップ」を不確実性と呼んでいる（ガルブレイス，1980：9）．

これらを考え合わせると，**情報**はもともと不確実性を持つ傾向があり，その不確実性を減らすことが的確な支援につながっていくといえる．【ワーク5-1（別紙）に取り組んでみよう】

2　保育者が把握している情報

1）子どもに関する情報

保育者は，子ども一人ひとりの氏名，年齢などの基本的な**情報**に始まり，身長や体重などの身体に関する**情報**，またアレルギーや既往歴などの医療**情報**，そして月齢・年齢に応じた発達状況，他にも性格，遊びや食べものなどの好み，またクラスの誰と仲がいいのかなどの人間関係も含めた情

報により子どもを多面的に捉え，理解している．

2） 保護者や家庭に関する情報

子どもに関する**情報**を詳細に把握している保育士であるが，一方で保護者に関する**情報**は限定的である．保護者に関する**情報**の一部は書類などで確認することが可能であるが，事務所で管理されていることが多く，日常的に**情報**を共有されているわけではない．また就業先が書かれていても，職種や働き方などは書かれていない．ケースによっては保護者の医療に関する**情報**や保護者自身の生育歴が大きく関係しているにも関わらず，情報収集は困難であるのが実情である．

その他にも保育者が関わっている子ども以外のきょうだいや祖父母に関する**情報**，夫婦間，保護者と祖父母，また家族と友人や地域との関係など，家庭全体に関する**情報**も多いとはいえない．【ワーク5－2（別紙）に取り組んでみよう】

3　保育者の情報経路

1） 子どもや保護者から得られる情報

保育所や幼稚園では，入園時など子どもや保護者と初めて関わる際に，基本的な**情報**を書面で得ることが多い．そして子どもとは保育を通した日々の関わりにより，また保護者とは送迎時の会話，連絡帳のやりとり，園行事などを通じて積極的にコミュニケーションをとることで様々な**情報**を得ている．

2） 保育者自身による情報の把握・収集

保育場面での子どもとの関わり，前述した保護者とのコミュニケーションから得られる言語的**情報**に加えて，保育者は観察等により非言語的要素による**情報**も多く得ている．

3） 保育者間での情報共有

保育者は複数担任であれば同じクラスの担任，その他の保育者や管理職への日常的な申し送りや報告などの形により，子どもや保護者に関する様々な**情報**を共有している．

4） 他職種，他機関からの情報提供

ケースとしては少ないが，市町村や児童相談所をはじめ，医療機関や保健センターや療育に関する機関など，施設外の機関や他職種から情報提供を受けることもありうる．原則として保護者の了解が前提であるが，虐待ケースなど保護者の了解を必要としない場合もある．

第2節　保育相談支援に必要とされる情報

1　子ども家庭支援を行ううえで必要となる情報

「保育所保育指針」で求められている保育士の支援は，図5－1のように子育てに関する事項に特化されているが，実際に保育領域で見られる「支援を必要とするケース」では，むしろ問題の本質的な原因が子育て以外に端を発するものが多い．子育て以外の問題が，結果として子育てに影響を与えていると捉えた方が現実的である．すなわち，支援を行ううえで保育者が把握しておくべき**情報**は，子どもや子育てに関することに留まらない．そのため，保育者は日ごろから子どもに関する

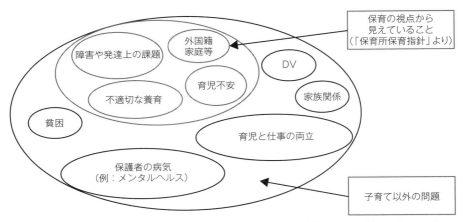

図5-1 「保育所保育指針」で求められている支援と実際のニーズとのギャップ
(出典)筆者作成.

情報はもちろん,保護者や家庭に関する情報も積極的に得ておく必要がある.

2 情報の活用方法

情報は支援の場面によって活用方法が異なる.ここでは保育者が情報とどのように関わっているかについて述べる.

1) 気づく

保育者は一人ひとりの子どもに関する情報を多く持っている.それゆえに些細な変化にも気づきやすい.普段とは異なる子どもの言動や表情の変化,持ち物の変化,親子の会話の変化などを敏感に感じとることからケースの早期発見につながることが多い.

2) 集める

保育者が支援を開始するにあたり,保育者は普段持っている情報に加えて「支援に必要な情報」を集めることが必要である.この時に保育者と子ども,保育者と保護者は日ごろからの信頼関係が構築できていることや毎日のように接点があるため,他領域における支援に比べて情報がスムーズに得られる強みを持っている.

3) 整理する

冒頭で述べたように情報は不確実性を持っているため,正確であるかどうかを確認する作業や集めた情報を分かりやすく整理する作業が必要である.例えば,同じ事柄に対しての捉え方が当事者と保育者,また複数の保育者間で大きく違うことがある.そうした場合はさらに確認作業を行うことが必要である.他にも得られた情報を時系列に並べてみる,ケースに関わる人物ごとに事象をまとめてみる,という作業も有用である.

4) 分析する

支援におけるアセスメント(見立て)として,問題や課題が起こっている原因や背景を明確にすることが支援の大きな鍵となる.その場合は1人で行うのではなく複数の関係者により行われることが望ましい.したがってケース会議の開催が非常に有効である.

子どもを守るアセスメントシート

子ども虐待の予防・早期発見・支援のために

〔保育所・幼稚園・こども園・支援センター用〕

〈第1回 記録日〉　　年　　月　　日〈記録者〉

〈第2回 記録日〉　　年　　月　　日〈記録者〉

〈第3回 記録日〉　　年　　月　　日〈記録者〉

子どもの名前	生年月日	性別
	年　月　日	男　女

枠内の内容に該当すれば、右のチェック欄（3回付けられるようにしています）に✓を入れましょう。不確かな場合は[不]と記入しましょう。また、それぞれの項目に□があれば、該当するものに✓を入れましょう。補足することがあれば、補足欄に記入しましょう。

子どもの様子

1 生活全般

（1）身体に関すること

	第1回	第2回	第3回	
不自然な傷が頻繁に認められる □頭部　□腹部　□顔面　□その他（　　　） □骨折　□アザ　□火傷　□切り傷　□打ち身　□傷跡（たばこ跡）　等				1
性行為やわいせつ行為を受けた、または受けた疑いがある 性感染症、性器・肛門付近の外傷がある				2
特別な病気がないのに、身長や体重の増えが悪い				3
慢性疾患や先天性疾患があるが定期的な受診につながりにくい				4
身体を見られるのを嫌がる □身体測定を嫌がる　□着替えを嫌がる　等				5
頻繁に体調を崩す □熱を出す　□下痢や嘔吐が続く　等				6
特別な病気がないのに顔色がよくない □朝食を食べていない　□夕食を食べていない　□水分不足　等				7
円形脱毛が見られる				8
虫歯があり、促しても治療につながらない				9
皮膚疾患があるが通院・治療につながりにくい □あせも　□虫刺され　□アトピー　□水いぼ　□とびひ　等				10
補足欄				

（2）清潔に関すること

	第1回	第2回	第3回	
何日も同じものを着ていることがあり、着替えをしていない				11
洗濯していない服を着ている				12
身体の衛生が保たれていない □入浴していない　□爪を切っていない　□髪の毛を整えていない □紙パンツ（おむつ）が交換されていない □乾いていないままの服を持ってくる　等				13
散髪に行っていない				14
体臭・口臭が気になる				15
補足欄				

（3）運動発達に関すること

	第1回	第2回	第3回	
月齢に比べ身体的発達が遅い □寝返り　□おすわり　□はいはい　□つかまり立ち　□歩行　□片足跳び □階段昇降　等				16
手先の不器用さがある				17
物の操作が苦手である				18
体幹が弱く、姿勢保持が困難である				19
補足欄				

（4）食事に関すること

	第1回	第2回	第3回	
食べ物への極端な執着がある □食べ物を見るとすぐ口に入れる　□いつまでも食べている　等				20
年齢に合わない食べ方がある □手づかみ　□食べこぼし　□ムラがある　等				21
食べ物をこぼした時に保育者の顔色をうかがう				22
過度な早食いが見られる				23
食べることに対しての意欲が低い				24
極端な偏食がある				25
咀嚼力が極端に弱い				26
補足欄				

図5-2　アセスメントシートの例

（注）同法人では研修を通じたアセスメントシートの活用・普及をすすめておられる.
　アセスメントシートは【子どもの様子】108項目,【保護者の様子】68項目から成り, シートの記入を行うことが保育者の専門的な気づきの整理につながる.

参考：ちゃいるどネット大阪 HP〈http://www.childnet.or.jp/〉.

（出典）特定非営利活動法人ちゃいるどネット大阪「子どもを守るアセスメントシート」より一部抜粋.

5） 伝える

保護者の依頼や了解のもと，保育者は子どもや保護者の**情報**を豊かにもつ立場を活かして情報提供を行う立場でもある．普段の**情報**をこまめにメモに残しておく，また**情報**を分かりやすく書面にまとめておくことが大切である．

6） 予防する

これまで述べてきたことは，**情報**は主に問題や課題が起こった後の対応として活用されている．しかし，**図5-2**のような**アセスメントシート**を用いた**スクリーニング**は，すでに問題を抱えているケースだけでなく，問題を抱える可能性のあるケースも予測できるため，予め細やかに関わることで問題を未然に防ぐ，すなわち予防的対応が可能となる．

第3節　情報に対する保育者の向き合い方

学びのポイントでも述べたように，個人情報保護法が施行されて以来，関係者は情報の扱いに関して敏感になった．質問することそのものを避けたり，ケース会議の議事録を一切手元に残さなかったり，明らかに悪用されるおそれのない関係機関から問い合わせがあったとしても情報を一切伝え

ないなど，一部には過剰ともいえる反応が見られる．

「個人情報だから」という漠然とした理由が情報収集や情報提供を行いにくくさせていることは事実である．その結果，皮肉なことに個人の保護が出発点であったはずの法律の存在が，場合によっては個人の利益を妨げる事態にもなりかねない．そこで**情報**に対する保育者の向き合い方について3点を提示する．

1 当事者からの情報収集

子どもや保護者，家庭に関する内容で，基本的に聞いてはいけない**情報**は存在しない．ただし，留意点が2点ある．1点目は知りたいと思う内容が，支援にとって必要であることをしっかりと説明できること，すなわち情報収集を行うべき「**根拠**」が不可欠であることである．必ず尋ねる前に，なぜその**情報**が必要かという説明を行うべきである．

2点目は答えるかどうかは自己決定の原則に委ねられ，答えたくなければ答えなくてもよいことを伝えたうえで，決して無理やり**情報**を得ようとしないことである．

支援に必要な**情報**を確実に得るためには，支援者と保護者の日ごろからの人間関係が重要である．日常会話を重ねることで信頼関係を構築しつつ，子どもだけでなく保護者や家庭の理解に努めることが望ましい．

2 情報を把握している人からの情報収集

情報は当事者からしか得られないわけではない．後述する**守秘義務**をふまえたうえで，「必要とする情報を把握している人」から情報収集を行うこともある．例えば，保育所に通っている子どもに関して，家庭の経済状況を把握する必要がある場合，生活保護受給の有無，収入に応じて決まる保育料に関する**情報**や，諸費の支払いに関する滞納の有無などからも推し量ることができる．小学校や中学校などきょうだいに関わっている機関から得た**情報**により家庭の養育環境がみえてくることもある．

また**情報**は多ければ多いほど，様々な人が分析や検証すればするほど，不確実性を減らすことができる．そのためにも複数でケースに関わることが重要である．**ケース会議**の開催は，それらのプロセスを最も効果的に，合理的に行える手段である．施設内，施設外を問わず，取り組むことが望ましい．

3 個人単位の守秘義務と複数単位の守秘義務という考え方

保育士は児童福祉法第18条の22で「正当な理由がなく，その業務に関して知り得た人の秘密を漏らしてはならない．保育士でなくなった後においても，同様とする」と定められていることからも，**守秘義務**は個人単位で課せられている．一方で児童虐待の対応で中心的役割を担う要保護児童対策地域協議会では，**児童福祉法**第25条の2第2項を根拠として「構成機関内における情報共有は，守秘義務違反にならない」としているように，一定の条件下において複数単位の**守秘義務**が存在する．

例えば複数担任であれば担任保育士たちのみ，同じ学年，特定のケースであればケース会議のメ

ンバーのみ，というように施設内での情報共有にも様々な単位での情報共有が成り立つ．施設を超えた複数の機関を1つの単位として情報共有する場合も然りである．

　昨今の保育相談支援で関わるケースは多様化・複雑化する一方である．個人で対応できる範囲を超え，組織単位での取り組みが必要になっているため，施設内外において積極的な情報共有を行うことが，これからの子ども家庭支援，子育て支援のキーポイントとなる．

（丸目満弓）

第6章

支援計画および指導計画と環境構成

学びのポイント

　　保育者（＝支援者）は必要に応じてソーシャルワーク的支援を行う．具体的には子どもの最善の利益に配慮しながら保護者（＝クライエント）の支援ニーズを受け止め，支援計画を作成することである．本章の前半は支援計画作成の前後を含めたソーシャルワークのプロセスについて述べ，後半は支援計画を作成する際に活用する社会資源，およびそれらを組み合わせる支援環境の構成や調整，さらにネットワークづくりについて述べる．

事前学習課題：6章の本文を読み，学びのポイントにあるキーワードについて，その言葉の意味を書き出しましょう．

事後学習課題：6章で学んだ内容から，あなたが保育者として何を大切にしたいのか決意表明しましょう．

　キーワード：支援計画，環境調整，ソーシャルワーク

第1節　支援計画の作成

1　支援のニーズへの気づき

　支援を行うために，保育者は保護者の支援ニーズを知ることが大切である．支援ニーズは，保護者との会話を通して見えてくるものもあれば，表面化していないために気がつきにくいこともある．また保護者自身が生活に追われ，支援ニーズに気がつかない場合もある．

　そのため保育者は，登園や降園時に保護者と子どもとの日々のコミュニケーションを重ねながらその変化に気づくこと，また面談等で一人ひとりの支援ニーズを把握することが大切である．

2　子どもを取り巻く家庭環境を考える

　子どもを取り巻く家庭環境を考える場合，保護者には保護者以外の役割がある．具体的には親としての役割以外に，妻や夫，そして娘や息子，さらに職業をもった社会人としての役割，地域住民としての役割等，が考えられる．

　また子育て以外の家庭の課題については，保護者の心身の病気や障がい，家族や親族の介護，仕事と育児の両立，経済的な課題など多岐に及ぶ．さらに保護者にはそれぞれ個別の事情があり，何らかの課題を抱えた場合，本来保護者が持っている力を発揮できない可能性があると捉えて支援す

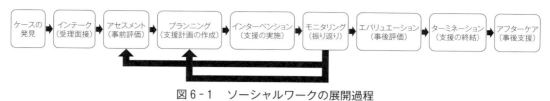

図 6-1　ソーシャルワークの展開過程

（出典）筆者作成.

ることが大切である.

3　子どもと子どもを取り巻く家庭に対し専門職として支援する

保育所保育指針解説（厚生労働省，2018a：331）では，「ソーシャルワークの基本的な姿勢や知識，技術等においても理解を深めたうえで，支援を展開していくことが望ましい」とあり，以下では支援に必要な**ソーシャルワーク**のプロセス（過程）について説明する（**図6-1**）.

1）ケースの発見（出会い）

保育者がケースを発見する，もしくは出会う段階にはいくつかのパターンがある．①保護者が自ら相談に来る場合，②他の専門機関や地域住民など第三者の紹介による場合，また③保育者自身が支援の必要性を感じる場合である．①は保護者自身に問題意識があり，解決に向かいやすいが，②や③の場合は，保護者の問題意識が希薄であるなど解決に後ろ向き（インボランタリー）な場合は，相談やサービスの利用を積極的に働きかける**アウトリーチ**が必要である.

また保育者は子どもや保護者の小さな変化に気づきやすいことから，表情や態度など**非言語コミュニケーション**にも留意し，支援の必要性や保護者が言い出せない支援ニーズを感じ取ることが重要である.

2）インテーク（受理面接）

インテークは日本語で「受理面接」といい，支援が実際に開始される段階である．子どもや保護者，家庭の基本的事項やケースの概況を知るためにフェイスシート[1]等を活用しながら情報収集を行う．同時に保護者の思いや現状，保育者に求めている支援内容を把握するために，保護者の気持ちに耳を傾け，保護者の主訴を把握することが大切である．第2章で学んだ**バイスティックの7原則**を用いた関わりを通して保護者と援助的**信頼関係（ラポール）** の構築を行う.

また保育所等だけでは対応が難しいケースも実際にみられる．その際は保育所等と他機関が役割分担を行いながら支援を行うことを保護者に説明し，納得と同意のもとで適切な専門機関へ支援を依頼することもある.

3）アセスメント（事前評価）

アセスメントは，保護者の「社会生活上の課題やニーズを明らかにするために利用者を取り巻く状況を詳しく理解し，総合的・多面的に問題を捉えて評価する」（中坪他編，2021：579）ことである.

アセスメントは可能な限り複数の関係者で行うことが望ましく，ケース会議の開催は非常に有用

---

[1]　調査対象者の属性に関する項目を記入するもの．山縣・柏女編（2013：322）.

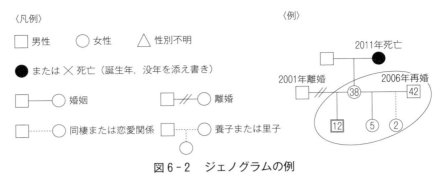

図 6-2　ジェノグラムの例

（出典）厚生労働省（2018b：5）．

である．その際，**ジェノグラム**や**エコマップ**を用いて可視化することで情報共有がしやすくなる．
以下，ジェノグラム，エコマップの書き方について述べる．

① ジェノグラムの書き方

　ジェノグラムは，「3世代以上の家族の人間関係を図式化したもの」（山縣・柏女編，2013：123-124）であり，血縁を中心とした家族関係や同居・別居の状況が視覚的に把握しやすい．「男性は正方形，女性は円で表わし，婚姻関係を示す場合には両者を水平な線で結ぶ．また，子どもであることを示す場合には，婚姻関係を示す線よりも垂直に降りる線で結んで表わす」（山縣・柏女編，2013：123-124）．例えば図 6-2 のジェノグラムから分かることとして，クライエントは12歳男児であり，38歳の母親と2006（平成18）年に再婚した血縁関係のない42歳の継父がいる．クライエントのきょうだいとして母親と継父のあいだに5歳と2歳の女児がおり，5人家族である．

② エコマップの書き方

　エコマップは，「クライエントとその家族の関係や，さまざまな**社会資源**との関わりを一定の円や線により表すことにより，クライエントや家族がおかれている状況を図式化して表現する方法」である（山縣・柏女編，2013：23）．例えば図 6-3 のエコマップから分かることとして，子2は小学生で子1は保育所に通園している．母親は母方の祖母とは関係性が良くない．通院先である病院とも関係が希薄である．子1が通園している保育所は母や子どもに支援のアプローチを行っている．
　支援前と支援後のエコマップを比較することで，円の数の変化により支援関係の変化が把握でき，線の変化により関係性の変化を可視化することが可能である．

4） プランニング（支援計画の作成）

　プランニングは，「支援を開始するための契約を含むインテーク（受理）の段階の後，クライエントのニーズや環境に対するアセスメント（事前評価）に基づいて支援内容の計画を策定する」ことである（福祉教育カレッジ編，2017：429）．計画を立てる際は，できる限り保護者と一緒に行うことが望ましい．さらに子どもや保護者，家庭に関わる関係機関が一緒に**支援計画**を作成することは，支援目標を共有し，役割分担を行うことにつながる．保護者にとっても複数の支援者が協働しながら支援を行うことは安心感につながる．
　目標は長期と短期にそれぞれ分け，5W1H（いつ，どこで，誰が，誰に，何を，なぜ，どのように）

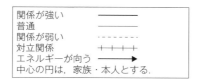

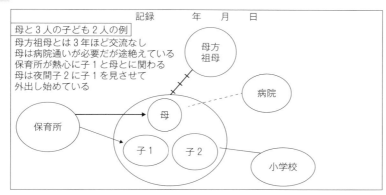

図6-3 エコマップの例

(出典) 在宅アセスメント研究会 (2023：15).

の視点を踏まえて具体的に作成する．特に短期の支援計画では実現しやすい**スモールステップ**を心がけた計画であること，保護者の長所や強みである**ストレングス**をふまえて作成することが望ましい．

5) インターベンション（支援の実施）

インターベンション（介入）は，「立案された援助計画を実行に移す段階」である（福祉臨床シリーズ編集委員会編，2020：171）．援助活動には，大きく2つの働きかけがあり，1つは保護者のパーソナリティに直接働きかけ，問題の解決を図ろうとするものであり，もう1つは，保護者を取り巻く環境に働きかけ，有効な社会資源を活用するといった間接的なものである．通常，両者は効果的に組み合わされながら展開される．

保育者は保護者自身の「自己肯定感を取り戻すことや，力や可能性の発揮を促進する」（中坪他編，2021：585）**エンパワメント**を行う直接的な働きかけと，本章後半で詳しく述べるように，環境調整をふくめた間接的な働きかけの両方を行う．

6) モニタリング（振り返り，経過観察）

モニタリングは，「プランニングで設定した課題の進行・達成状況や新たなニーズの出現などについて継続的な見直しを行い，必要ならば新たなアセスメントにつなげることである」（福祉教育カレッジ編，2017：464）．作成した計画が予定通りに進んでいるか，目標がどの程度達成できているかを確認し，計画通りに経過が進んでいない場合は支援のプロセスの前段階に戻り，必要に応じて**アセスメント**を再度行ったり，プランニングを再度行ったりすることもある．

保育所等では，登園や降園の際に保護者と日常的に関わる機会が多いため，保育者は，保護者の日々の様子や細かい変化に気が付きやすい．また保育者は積極的に声をかけ，日々の保護者の様子

を見守ることが可能である．

アセスメントで述べたようにエコマップについて，支援前のエコマップとモニタリングの段階で作成したエコマップとの変化を見比べることで，ケースの経過や変化が可視化できる．

7） エバリュエーション（事後評価）

エバリュエーションは，「援助のゴールと目標達成の意味を明確にすること」である（山縣・柏女編，2013：25）．保育者が，支援計画で立てた目標が達成されたかを保護者と一緒に振り返り，支援の終結を検討するために行う評価をさす．具体的には，支援計画に基づく目標が支援により達成されたか，保護者の望む最終的な目標が達成されたか，支援が引き続き必要か，それとも終結とするのかを保護者と一緒に振り返りながら評価することである．事後評価の方法は，保護者や関係者との面談で振り返ったり，保護者の様子を見て確認したりすることもある．

8） ターミネーション（支援の終結）

ターミネーションは，「終結に向けた準備段階とその際の支援」である（中坪他編，2021：580）．ターミネーションは次の3つの場合がある．① 目標が達成され支援の必要性がなくなった場合，② 保護者の状況により終了となる場合，③ 保育者の状況により終了となる場合である．

目標が達成され支援の必要性がなくなった場合，保護者と保育者で支援の振り返りを行い，双方の合意で終結となる．その後の生活に問題はないか，問題があった場合にどこに支援を求めるか，保護者はどのような行動をすればよいのか等の確認をすることが重要である．時には保護者が支援終了に対する不安を感じる場合もある．保護者と保育者の双方で振り返りを行い，不安がないこと等を確認した上で，支援を終結する．

保護者の状況により終了となる場合は，例えば転居や小学校への進学等が当てはまる．いずれの場合も，次の支援者に情報提供を行い，十分に情報の引継ぎをすることが，予防的な役割を担うことにもつながる．

保育者の状況により終了となる場合は，進級による担任の交代や保育者の異動等である．その場合は，情報の申し送りを十分に行ったうえで，新たな支援者による関わりを開始する．

9） アフターケア（事後支援）

アフターケアは，援助終了後に新たな課題が出現した場合や，援助の成果が維持できない場合，保育者が必要に応じて支援することである．

支援が必要な場合であっても，保護者が申し出ない場合もあるので，保育者が計画的にフォローすることが大切である．

以上のように，これらの相談援助のプロセスを保育所等の保育者だけで行うのではなく，関係機関で役割を分担して情報共有していくことで保護者を多面的に支えることができる．

第2節　支援に向けた環境調整

1　環境調整とは

　環境調整とは前項の５）インターベンションでも述べたように，保護者が抱える問題や課題，生きづらさに対して，子どもや保護者をとりまく環境を調整することにより，状況を改善することである．具体的には社会資源を調整するなどの間接援助を行うことである．

　保育者は，保護者を適切な社会資源につなげるために，日頃から専門機関や専門職とコミュニケーションをはかることが重要である．さらに場面や必要性に応じて，既存の社会資源の把握にとどまらず，地域に必要な社会資源の開発や創設などの**ソーシャルアクション**に携わるなど，広い意味での環境調整を行うこともある．

2　保育所における子育て支援の環境調整

　保育所における子育て支援の環境調整として，① 保護者を保育者につなぐ，② 保護者を他の保護者につなぐ，③ 保護者を他の保育所職員につなぐ，などの複数の方法が考えられる．

　①の場合は，保育者自身が保護者を支える環境の１つ，社会資源の１つとして自らを調整し支援を行う方法である．第10章でも詳述するように保育所保育指針解説（厚生労働省，2018a：333）によると，連絡帳や送迎時の対応をはじめ，個人面談，園・クラス便り，保育園行事，家庭訪問など「日常の保育に関連した様々な機会」がある．その際，伝える内容に沿ったコミュニケーションの方法を選ぶことが大切である．例えば，子どもがケガをし，速やかに直接，保護者に伝えたい時は，送迎時に保護者と顔を合わせながら言葉で伝えるというように，内容に応じて適切な方法を選ぶ．

　また②では，保護者同士の交流がなく孤独感のある保護者に対して，クラス懇談や園行事などを通じて保護者同士が関わりを持つきっかけをつくることも保育所等で行える環境調整の１つである．

　③では保育所看護師や調理員など，保育者以外の職種や，担任以外の保育者との関わりを調整することにより，保護者が望む相談内容に応じた対応が可能である．さらに職員間連携や情報共有を行うことで子どもや保護者を保育所全体で支援することが可能である．

第3節　社会資源との連携を重視した環境の構成

1　子育て家庭と社会資源をつなぐ環境づくり

　子育て家庭が抱える生活課題には，保育所等だけで支援を行うことが難しいケースも少なくない．保育者は保育所等の外にある社会資源に目を向け，他機関や関係職種と連携しながら支援環境を調整することが，保護者の問題や課題，不安の解消・軽減につながる．それはソーシャルワークの支援プロセスにおけるプランニング，インターベンションのなかで行われる．

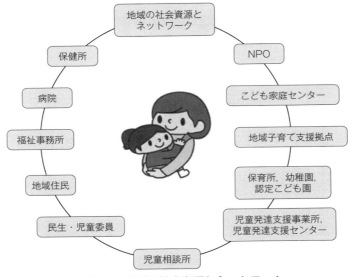

図6-4 地域の社会資源とネットワーク
（出典）筆者作成．

2 地域における子育て支援の環境調整

　前項で述べた他機関や他職種のほか，地域には子育て家庭を支える様々な社会資源がある．保護者が気軽に相談できる存在が地域にでき，いつでも支援を求められる環境づくりも保育者が行える支援の1つである．ソーシャルワークでは，「地域で生活する人々の生活上に発生する様々な課題の解決にむけて，地域の社会資源の整備や支援のネットワークを図るなど，地域環境を整えていく援助」（倉石・鶴, 2019：113）を**コミュニティワーク**といい，保育者もその役割の一端を担う必要がある．

　例えば子ども食堂は，貧困家庭の子どもが食事をするというだけでなく，誰でも利用できる所が増えている．したがって子ども食堂は，子どもの居場所や，子どもが他の子どもや地域の人と交流をする場所や子どもの見守りの場所でもある．**ネットワーク**づくりの具体的な方法としては，地域にある子育て家庭への支援機関，組織等の関係者が定期的に集まる連絡会や事例検討会の開催に保育者が参加し，定期的な連絡体制の構築等があげられる．保育所等も積極的に地域のネットワークに参画し，子どもや保護者と地域資源をつなぐ役割が求められる．

（手塚崇子）

第7章

支援における実践・記録・カンファレンス・評価

学びのポイント

　本章では子育て支援において必要なものとして，その支援実践のあり方や記録の意義と方法，カンファレンスと評価について説明する．地域のつながりが希薄化している昨今，子育ての身近な支援者として，保育者への期待が増々高まってきている．保育者が地域の子育て支援を担う専門職者であるなら，その支援はこれまでに培われてきた理論や方法論に基づいた一貫性のあるものでなければならない．では，そうした専門性を保ち，向上させていくためにはどのようなことが必要であるのか．ここでは，保育の専門職者として必要な視点・方法について具体的に学んでほしい．

事前学習課題：7章の本文を読み，学びのポイントにあるキーワードについて，その言葉の意味を書き出しましょう．

事後学習課題：7章で学んだ内容から，あなたが保育者として何を大切にしたいのか決意表明しましょう．

　キーワード：実践，解決志向アプローチ，記録，カンファレンス，評価

第1節　子育て支援における実践について

1　子育て支援実践の場

　「保育所保育指針」では保育所保育に関する基本原則として「入所する子どもを保育するとともに，家庭や地域の様々な社会資源との連携を図りながら，入所する子どもの保護者に対する支援及び地域の子育て家庭に対する支援等を行う役割を担う」（厚生労働省，2018a：16）とある．つまり，保育所に通う保護者に対する個別的支援とともに，地域のつながりを生かした，総合的な子育て支援の拠点の場となることを求めている．今や保育所は地域の子育て支援を行う重要な施設であり，子どもの多様な育ちを理解し支える保育を実践している場となっている．

　保護者に対する子育て支援では，保育者は日常の保育活動を通して子どもの変化にいち早く気づくことができる立場にある．例えば，保育相談や連絡帳，送迎時の会話，懇談会や保育参観や運動会，生活発表会などの機会を通して，保護者の子育ての状況や家庭環境について知ることができる．このような保育所の特性や保育環境を生かし，家庭内や育児についての悩みや問題が保護者にある場合は，保育者は保護者の受容，自己決定の尊重，プライバシーの保護や守秘義務など，ソーシャルワークの基本的な姿勢や知識，技術を援用した支援展開を行っていく必要がある．こうした支援

表7-1　保育所及び地域の保護者などに対する子育て支援

保育所を利用している保護者に対する子育て支援	地域の保護者などに対する子育て支援
（1）日常の保育に関連した様々な機会を活用し子どもの日々の様子の伝達や収集，保育所保育の意図の説明などを通じて，保護者との相互理解を図るよう努めること． （2）保育の活動に対する保護者の積極的な参加は，保護者の子育てを自ら実践する力の向上に寄与することから，これを促すこと． （3）保護者の就労と子育ての両立等を支援するため，保護者の多様化した保育の需要に応じ，病児保育事業など多様な事業を実施する場合には，保護者の状況に配慮するとともに，子どもの福祉が尊重されるよう努め，子どもの生活の連続性を考慮すること． （4）子どもに障害や発達上の課題が見られる場合には，市町村や関係機関と連携及び協力を図りつつ，保護者に対する個別の支援を行うよう努めること． （5）外国籍家庭など，特別な配慮を必要とする家庭の場合には，状況等に応じて個別の支援を行うよう努めること． （6）保護者に育児不安等が見られる場合には，保護者の希望に応じて個別の支援を行うよう努めること． （7）保護者に不適切な養育等が疑われる場合には，市町村や関係機関と連携し，要保護児童対策地域協議会で検討するなど適切な対応を図ること．また，虐待が疑われる場合には，速やかに市町村又は児童相談所に通告し，適切な対応を図ること．	（1）保育所は，児童福祉法第48条の4の規定に基づき，その行う保育に支障がない限りにおいて地域の実情や当該保育所の体制等を踏まえ，地域の保護者等に対して，保育所保育の専門性を生かした子育て支援を積極的に行うよう努めること． （2）地域の子どもに対する一時預かり事業などの活動を行う際には，一人一人の子どもの心身の状態などを考慮するとともに，日常の保育との関連に配慮するなど，柔軟に活動を展開できるようにすること． （3）市町村の支援を得て，地域の関係機関等との積極的な連携及び協働を図るとともに，子育て支援に関する地域の人材と積極的に連携を図るよう努めること． （4）地域の要保護児童への対応など，地域の子どもを巡る諸課題に対し，要保護児童対策地域協議会など関係機関等と連携及び協力して取り組むよう努めること．

（出典）「保育所保育指針」をもとに筆者作成．

においては，子どもと家庭の実態や保護者の心情の把握に努め，保護者自身が納得して解決に至るように関わっていくことが大事である．

　保育所を利用している保護者および地域の保護者などに対する子育て支援については「保育所保育指針」の「第4章　子育て支援」において具体的に示されているので**表7-1**として掲載しておく．

2　解決志向アプローチを援用した実践

　少子化や地域のつながりの希薄化に伴い，子育てに不安を抱える家庭が増えてきている．子どもとの適切な関わり方や育て方がわからないため，結果として不適切な養育を行っている保護者もいる．こうしたケースでは，保育者の専門性を活かした支援が必要であるが，内容によってはソーシャルワークやカウンセリングの知識や技術などを援用した実践が有効である．

　本章ではこれらの分野において使われ，近年広がりを見せている技法である**解決志向アプローチ**を具体例としてあげて，保育者による子育て支援実践について考えていく．

　解決志向アプローチとは，心理，医療，福祉，教育現場などにおいて幅広く活用されている対人援助技法である．このアプローチの特徴は問題解決の手段として，「原因」に焦点を当てるのではなく，「解決」に焦点を当てるという点である．原因に焦点を当てる手法では医療現場で用いられる医学モデルがある．医学モデルとは，患者の病因を探り，特定することで適切な治療方法を決定し，身体の問題の解決を図るという考え方である．一方，解決志向アプローチは，「原因」を探る代わりに「解決」に注目する．つまり，なぜそのような問題が起こっているのか，原因特定に労力

第7章　支援における実践・記録・カンファレンス・評価　**55**

を割くのではなく，これからどのようにすれば解決あるいは問題を軽減できるのかという，解決に焦点を当てる．そのために，その人が持っている解決のために活用できる**リソース**を多く見つけ出し，それらを積み重ね，**エンパワメント**しながら「解決を構築」していくのである．リソースとは，具体的にはその人が既に持っている強み，スキル，知識，経験などであり，これらを最大限に活用し解決に繋げていく．

　この技法の中には，その他にもユニークなものが多くあるがその中の1つにクライエント自身が現在の状態について点数を付け評価する**スケーリング・クエスチョン**と呼ばれるものがある．数値は実測したものではなく，クライエントが感覚で付けた点数を手がかりにして，解決へ向けた会話に弾みをつけるための質問法であり，シンプルで応用が効くため保育現場において幅広い活用が期待される．

スケーリング・クエスチョン

　スケーリング・クエスチョンは，保護者との面接時などに現在の状態について，点数を付けてもらう質問法であり，以下のような質問を行う．

　　　　「今までで一番悪い状態を1点，最も良い状態を10点とすると，現在は何点くらいでしょうか」

　シンプルな質問であるが，工夫することで様々な場面において適用することができ，数概念が理解できるのであれば子どもに対しても使用できる．

　スケーリング・クエスチョンの特徴は，曖昧で抽象的な事柄についても現在の状態を数字に置き換えて評価することで，現状を客観的に捉え，解決までの具体的な取り組みについて段階的に進めていくことができる点である．例えば，現在の状態が「4点」と答えた場合，どのようなところから「4点」あるとわかるのか，そこまでに至るまでに助けとなったこと，支えとなったことなどを具体的にあげてもらい，褒め，ねぎらいながらそれらを，解決につながるリソースとして保護者にフィードバックする．

　次に，現在の点数よりも1点上がった状態は，今と比べて何がどのように違っているのか，その差異を尋ね，解決した状態をイメージしながら明確にしていく．以上のことを確認した上で，解決に近づくために新たにやってみたいこと，継続すべきことなどを話し合い，それを課題として確認し，次回の面接へとつなげていく．

　このように，スケーリング・クエスチョンは現在の状況を数値化し，その数値に基づいて解決への具体的な事象について話を進めていくことができる有効なツールとして使用できる．

●事例7−1　スケーリング・クエスチョンを用いた事例

保育者：今までで一番悪い状態を1点，最も良い状態を10点とすると今，何点でしょうか．
保護者：4点くらいかな．今日も，ついカッとなって叱りつけてしまったので．
保育者：4点分はどんなところから付けたのですか．
保護者：以前と比べると，感情的に叱ることが少なくなったので．
保育者：そうなんですか．以前と比べてどのような変化があったのでしょうか．

保護者：大したことではありませんが，叱る前に2回ほど深呼吸するようにしてみたんです．そうすると，いつもより激しく叱ることが減ったような気がします．

保育者：それは良い方法ですね．続けてみる価値はありそうですね．では，今の4点が1点上がって，5点になったら今とはどのように違っていると思いますか．

保護者：うーん，今よりもいつもイライラしていなくて，褒めることが今より多くなっているかな．

保育者：そうなるために，今日から試せそうなちょっとしたことはないでしょうか．

保護者：そうですね……．叱る前に，落ち着いた口調で質問してみるというのはどうかな．例えば，いつもは脱いだ服をそのままにしているのを見て，カッとなって叱ってしまうのですが，まず深呼吸してから，落ち着いた口調で「その服はそこに置いといて良いのかな？」というふうに聞いてみて，行動してくれたら褒めるというのはどうでしょうか．

保育者：それは良いですね．それなら早速，今日から試せそうですね．では，次にお会いする時に，どのような変化が起こったか教えて下さいね．

保護者：はい．今日から試してみて，また来週先生に報告します．

第2節　子育て支援における記録について

1　記録について

　保育者の仕事は，子どもと直接関わる保育業務が大半を占めるが，それだけではなく日誌や指導案，支援計画の作成なども重要な職務の1つである．では，なぜこうした記録をとる必要があるのであろうか．それは，記録をつけることで，情報を整理し，職員間で共有することができ，根拠のある保育実践につなげることができるからである．また日々の子どもの姿を言語化し記録として残すことで，保育者自身が計画し実践したことを客観的に捉え直すことができる．さらに，記録という作業を通し，実践では気づかなかった新たな気づきや発見につながることもある．子どもの援助が適切であったかを振り返り，自己の課題や改善すべきポイントを次の指導計画に反映させていく．こうしたプロセスを循環させていくことで，保育の質を向上していくことができるのである．

　子育て支援においての記録の意義は，記録をとることで家族の取り巻く社会的環境を客観的に捉えることが可能となり，必要な社会資源の選択や真のニーズを把握することができることにある．

　支援計画は，得られた情報を整理，記録し，それらに基づき策定し，実行していくことが基本である．また，支援過程においても常に記録をとることで，目標としている解決へと向かっているのかをモニタリングでき，計画過程を評価することができる．さらに，これら書き留めた記録は，より適切な支援につなげていくための貴重な資料となる．記録を事例検討などで活用することで，専門職としての支援技術を向上させていくことができる．

　なお，記録には多くの個人情報が含まれている．児童福祉法第18条の22では「保育士は，正当な理由がなく，その業務に関して知り得た人の秘密を漏らしてはならない．保育士でなくなつた後においても，同様とする．」と保育士の秘密保持義務について明記されている．また，個人情報の保護に関する法律の第3条では，個人情報は「個人の人格尊重の理念の下に慎重に取り扱われるべきものである」と示されている．そのため，記録の管理については組織的に行い，厳重に保管・管理しなければならない．

2　記録の文体

　記録の文体には，客観的事実を時系列に沿って記録するものと，事実とともに記録者の主観的な解釈や分析が加えられたものがある．ここでは，それらの文体のうちの ① **叙述体**，② **要約体**，③ **説明体**について取り上げる．

① 叙述体

　叙述体は，ケースワーク面談などで使われる最も基本的な記録方法である．「叙述」とは順を追って物事を述べることである．この記録方法では，保護者との面接過程等で起こった出来事や，保護者や保育者の発言や行動など，客観的な事実に従い整理し，それらを時間的順序に沿って記述していく．具体的には，いつ，誰が，どのように起きたのかなど，その前後関係を含めて記載するため，ケース検討や問題の検証などで活用することができる．叙述体には，さらに**圧縮叙述体**と**過程叙述体**に分けられる．

　圧縮叙述体は，支援過程を圧縮して，要点をまとめ，比較的端的に記述していく文体である．一方，過程叙述体は，支援過程における出来事，やりとり，動作，行動などを詳細に記述するもので，スーパービジョンなどの教育訓練でよく用いられている．具体的な状況や関係性を深く理解するための資料として役立つ．

② 要約体

　「要約」とは要点をまとめるということである．要約体は，支援過程や内容，その他の関連情報を素材とし，系統立てながらポイントを明確にしていく文体である．叙述体とは異なり，要約体では，保育者の思考を通して支援過程の全体像が把握できるように要約される．このため，要約体は情報を簡潔にまとめつつ，重要なポイントを押さえることが求められる．

③ 説明体

　「説明」とは，ある事柄を分かるように述べることである．説明体は，客観的事実をもとにしながら，保育者の解釈や分析，考察などの主観的見解が加わった記録のことを指す．説明体で記述する際には，事実と意見を明確に区別できるようにすることが重要である．具体的には，観察された事実を記載し，その後に保育者の考察や意見を述べる形式となる．この文体では，読み手は事実に基づいた情報を理解し，その上で保育者の見解を考慮することができる．

第3節　子育て支援におけるカンファレンスについて

1　職場内でのカンファレンス

　カンファレンス（conference）とは，会議や協議といった意味で使われる用語である．子育てに関するニーズが多様化する昨今，担当の保育者だけでは解決することが困難なケースも増えてきている．こうした場合，1人で抱え込まず，所属する長を中心に，職場内で保育カンファレンスを開

き，職員間で連携しチームとして解決に取り組む体制を構築することが重要である．

　カンファレンスの基本的な進め方としては，ソーシャルワークの専門性という視点から情報収集とアセスメントを行い，その上で活用できる社会資源を選択し，支援計画を立てる（プランニング）ことが重要である．具体的に収集する情報としては，子どもの発達や行動の特徴，生活リズムや生活習慣，保育所における子どもの行動特徴，保護者の意向や思い，家族の状況，関係する社会資源，送迎時や連絡帳の記述などに見られる親子関係などがある．これらの情報をもとに，話し合いを行うことで，職員間の相互理解が深まり，保育者としての視野を広げ，組織としての専門性を高める機会にもなる．

2　外部の専門家を交えたカンファレンス

　子育て支援において，問題となっている内容によっては保育所だけでは対応しきれないケースもある．こうした場合，外部の専門家を交えたカンファレンスが必要となる．特に，児童虐待やマルトリートメントが疑われる場合には，保護者と保育者との間で意見の不一致が生じ，対立して関係が損なわれることもある．このような事態を避けるためにも，職場内や外部の専門家がカンファレンスにおいて十分に話し合い，それぞれの立場や専門性を活かした支援を行っていくことが重要である．また，子どもの心身に危険が生じると予測されるケースについては，第一に子どもの最善の利益を考慮し，市町村や児童相談所などの関係機関への通告とともに，密接に連携していくことが強く望まれる．

第4節　評価について

　子育て支援は，保育者のもつ専門的知識と技術に基づいて意図的・計画的に行われるものである．したがって，その問題が解決に向かって支援が進んでいるのか，ニーズが満たされているのかを客観的に評価し，判断する必要がある．支援効果を測定し，評価することで，有効かつ合理的に支援を進めていくことができるのである．評価の方法としては①保育者による評価，②所属する保育現場による評価，③保護者による評価，④第三者機関による評価などがある．ここでは①保育者による評価と②所属する保育現場による評価について考えていく．

　「保育所保育指針」では，「保育の内容等の自己評価」として，保育士等は自らの保育実践を振り返り，評価するよう努めること，またこれを踏まえて保育所は保育の質の向上を図るため，保育の内容等について自ら評価を行い，その結果の公表に努めることが示されている．具体的な評価の観点としては，「保育の基本的理念と実践に係る観点」「家庭及び地域社会との連携や子育て支援に係る観点」「保育の実施運営・体制全般に係る観点」などがあり，これらが全体として保育の質を構成している．

　保育者による自己評価の目的は，個々の保育者が自身の保育実践を定期的に振り返り，自己の成長や改善点を見つけ出すことにある．これにより，保育者は自己の専門性を高めるとともに，子どもに対する理解を深めることができる．

保育現場による評価は，保育所全体としての運営状況や保育の質を評価するものである．これには，定期的な職員会議や研修，外部機関との連携などが含まれる．保育所全体の評価は，組織としての課題を明確にし，改善策を講じるためにも重要である．こうした評価を通して，保育所全体としての保育の質が向上し，保育者同士の協力や連携が強化されるのである．

　以上のように評価の大きな目的は，保育の質の確保・向上である．継続的に保育の専門性を高め，保育実践の改善を図っていくためには，計画やそれに基づく実践を，記録など活用しながら振り返ることが重要である．自己評価を継続していくことで，子どもの育ちやニーズ捉える視点を身に付けることができる．また，保育者同士の学び合いなどで活用することで，組織全体としての専門性を高めることにもつながっていくのである．

（河 野 清 志）

第8章

法人内・園内における専門職の連携・協働

学びのポイント

　本章での学びのポイントは，子どもの最善の利益の尊重を目的としての保護者支援をする際，法人内・園内における専門職間の連携・協働（チームアプローチ），そのなかで，特に情報共有が大切ということが理解できるようになることである．連携・協働の方法の中のカンファレンス，スーパービジョン，コンサルテーションで示す事例より，学びを深めてほしい．そして，それらの方法を用いることによる効果についての理解を深めてほしい．

事前学習課題：8章の本文を読み，学びのポイントにあるキーワードについて，その言葉の意味を書き出しましょう．

事後学習課題：8章で学んだ内容から，あなたが保育者として何を大切にしたいのか決意表明しましょう．

　キーワード：子どもの最善の利益，専門職間の連携・協働（チームアプローチ），情報共有

第1節　法人内・園内における専門職間の連携・協働の意義

　保育・教育施設では，早朝や夕方における延長保育の時間帯においては，保育者が当番制で対応する．当番保育者は，クラス担任との間で**情報共有**をするために，口頭で情報を確認する，または，書面で情報を伝える等して引継ぎを行う．書面での**情報共有**を行う方が，当番となったどの保育者も保護者に情報を伝えることができる．保育・教育施設において，子どもの引き渡し名簿等を準備しておくことで，状況に応じて子どもを保護者に引き渡す方法の確認を行うことができる．

　例えば，発達障がいのある子どもの状況について，保護者との**情報共有**が望ましいと考えるケースを仮定してみる．クラス担任は，主任保育者・園長と相談し，1対1が望ましいか，複数対応が望ましいか，について考える必要がある．1対1の場合，関係の構築はしやすいが，**連携・協働（チームアプローチ）**が必要なときに行き違いや保護者の意図がうまく伝わらない場合がある．1対1の場合よりも複数対応の方が職員同士は連携しやすく，今後，子どもとその保護者に対してどのような対応が望ましいかを**保育者間**でともに考えることができる．**連携・協働**により，1人の子どもとその保護者を支えていくことができる．保育者同士が連携・協働することは情報共有することになり，子どもと保護者に一貫性のあるサービスを行うことになる．ただし，**連携・協働**の場合は，そ

れぞれの職員の役割について確認していないと責任が分散してしまい，状況改善に結びつかない場合があるので，役割を明確にしておく必要がある．

第2節　連携・協働で大事なこと

保育者にとって重要なことは，**子どもの最善の利益**を尊重することである．そのために，子どもを取り巻く環境を整えていく必要がある．その1つに保護者支援がある．保育者は，子どもが生活する中で，自分の思いを満たし，達成感を味わうように働きかけていく必要がある．子どもが安定して生活できるように，保育計画を作成していく必要がある．そのためには，保育者間で一人ひとりの子どもをどのようにみているのか，保護者に子どもの成長をどのように伝えるのか，について専門職間で**情報共有**し，子どもにとっての最善の利益となるような伝え方をしていく必要がある．

●事例8-1　子どもの「かみつき行動」に対する職員間での連携・協働

> Aちゃん（男児・2歳児6か月）は，他児に対するかみつき行動がみられた．B保育者は状況理解に努め，かみつき行動が生じたときに，その行動はいけないことを伝えていたがおさまらない状況が続いた．そこで，C保育者が補助に入り，B保育者とともに状況把握に努めることになった．C保育者は，Aちゃんと関わる中で，Aちゃんが自分の思いを他者に伝える方法を示していく必要があると感じた．そこで，C保育者がAちゃんとの関わりの時間をつくり，他者への思いの伝え方を示していくことになった．
>
> B保育者とC保育者は，Aちゃんと関わる中で，保護者の協力も必要と感じたので，保護者のAちゃんへの関わりがどのようであるかについて把握することになった．お迎えの時に，保護者にAちゃんの様子を尋ねると，母親にも仕事があり，家に帰ると疲れてしまうのでAちゃんの思いを十分に聞くことができず，「あとで」と伝えることが多いとのことであった．Aちゃんのかみつきについては，「これまでB保育者から聞いていたので，家ではしてはいけないと伝えるがわかっているのかどうかわからない」とのことであった．園では，引き続き，Aちゃんとの関わりの時間をつくり，他者との関わりについて示していくことを伝えた．また，保育者は，保護者が仕事で忙しいことをねぎらうとともに，家庭では，できる範囲でいいのでAちゃんと一緒に過ごす時間を作ってもらいたいことを伝えた．
>
> B保育者とC保育者がAちゃんと他の友達との関わりの仲介役を行っていくことで，Aちゃんは他の子どもへの関わり方がわかるようになるとともに，自分の思いを保育者に伝えることができるようになった．それにより，Aちゃんは安定し，他の子どもに対するかみつき行動がなくなった．母親に園でのことを伝えるとともに，家庭での様子を尋ねると，「Aちゃんの思いを聞くようにするとともに，父親にも時間があれば関わってもらうように頼み，Aちゃんが少しずつ安定してきているように思う，Aちゃんへの関わりで参考になることがあればアドバイスが欲しい」とのことであった．B保育者とC保育者は，園でのAちゃんの様子を伝えるとともに，保護者と協働でAちゃんに関わっていこうと考えていることを伝えた．

事例8-1は，**保育者が子どもの最善の利益**を尊重して対応するために，保育者が複数で子どもとその保護者に関わった事例である．保育者が，Aちゃんのかみつき行動の背景について理解しようとしている状況がある．C保育者のAちゃんとの関わりの中で，Aちゃんが自分の思いを他者に伝えることが上手にできないことを把握することになった．B保育者はC保育者の見立てを

聞くことによって，Aちゃんの思いを聞くように努めた．それにより，Aちゃんが自分の思いを伝えることができるようになった．保護者に協力を仰ぐことでAちゃんは安定していくことになった．このような関わりに関する情報を，保育者間，また，保護者との間で情報共有することは，Aちゃんのことを理解する保育者が増えることになり，成長と発達の状況を把握することができるようになることでもある．保育所全体で一人ひとりの子どもを支えていくことにつながる．

　職員間で，Aちゃんに関する情報を共有することになり，Aちゃんの思いに応じた対応ができると考える．また，Aちゃんに関する情報は，個人のものであるので，保育者は情報共有してチームで対応するということを保護者に伝えて了解をとっておくことが望ましい．「保育所保育指針」の「第4章　子育て支援」には，「1　保育における子育て支援に関する基本的事項　（2）子育て支援に関して留意すべき事項」があり，その中に「イ　子どもの利益に反しない限りにおいて，保護者や子どものプライバシーを保護し，知りえた事柄の秘密を保持すること」が示されていることからも，個人情報の保護が求められる．保育者は，保育者間だけでなく，保護者とも信頼関係を築いていき，子どもの成長発達に向けての保育をしていくことが必要である．Aちゃんのことを理解して関わることでAちゃんが安定することは，保育者同士の人間関係，保育者と保護者との信頼関係を構築することになり，Aちゃんに何か気になる行動が生じたときに，チームで向き合って子どもを支えていくきっかけになるといえる．

第3節　法人内・園内における専門職間の連携・協働の方法

1　カンファレンス

　職員間のカンファレンスとは，職員同士の情報共有や今後の支援方針について考える会議のことである．そのため，カンファレンスでは，現状における保育内容の課題を把握し，改善点をみいだすことになる．カンファレンスで意見を出しやすくするように，自由に発言できるような状況を整えておくことが大事である．

　例えば，子どものアレルギーについての情報共有が不十分であったために，アレルギー食を子どもに提供してしまい，子どもが摂取してしまうという事故を防ぐために行うこともカンファレンスの目的の1つである．厚生労働省の「保育所におけるアレルギー対応ガイドライン」では，保育者は，「保育所全体のアレルギーを有する子どもの状況の把握・共有」「給食提供の手順についての情報の把握・共有」「緊急時の『エピペン®』の取扱いや職員間の役割について把握し，状況に応じた対応の準備を行うこと」等が求められる．そして，担当する子どもにアレルギーがあるとき，「子どもの日常の健康状態や生活上の配慮等に関する保護者との情報共有」「子どもの疾患状況や家庭での対応状況等に関する，関係職員と情報を共有」「体調不良等が疑われる場合，速やかに施設長等へ報告し，対応を協議すること」「疾患の特徴や状況を考慮した，安全な保育環境の構成や保育上の配慮」「調理担当者と連携した，誤食防止の取組」等が求められる．保育者は，これらの対応についての情報を共有して対応する必要がある（厚生労働省，2019：16）．そのために，カンファレンスが求められる．

第8章　法人内・園内における専門職の連携・協働　　63

　カンファレンスでは，参加者が自分の意見を言うことができるような雰囲気をつくっていく必要がある．子どもに関わっている保育者は，自身の関わりについて伝えていくので精神的な負担があるため，カンファレンス参加者は関わりについて責めたり非難したりすることのないようにする必要がある．また，複数の保育者をはじめとする関係者が情報共有をすることになるので，個人情報の取り扱いについても慎重である必要がある．原則として，カンファレンス終了後は，資料を回収することが望ましい．

●**事例8-2　発達障がいのある子どもの園外抜け出しに対する職員間の連携・協働**

> 　Bちゃん（男児・3歳）は，園庭で他の子どもとともに砂場で遊んでいた．保育者は，園庭で子どもの様子を把握することに努めていたが，子ども同士の気持ちの行き違いがあり，その調整を行うことになった．
> 　子ども同士の調整，また，子どもたちの散歩など一度に対応することがたくさん生じ，その間にBちゃんが園庭から抜け出してしまったようで，見あたらないことが把握できた．園庭を探したがBちゃんは見つからず，警察に連絡しようと考えていたところ，小さい子どもが1人で歩いているので気になった近所の方が声をかけると，保育所を利用している子どもであることがわかり，つれてきたとのことであった．保護者にその旨を伝えると，「Bちゃんとは，買い物などで外出することがあるが，気になることがあるとそれに気が行ってしまい，気づくといないことがあり，よく慌ててしまう．今回も何か気になったことがあったのではないか」との話であった．園側は，子どもの状況を把握できなかったことを謝罪し，今後，Bちゃんの状況を保育者間で情報共有して把握し，気を付けて対応していくこととし，保育者同士の役割確認を行った．

　事例8-2は，子どもの状況を把握するために**情報共有**し，**連携・協働**の大切さを考えさせられる事例である．子どもの状況については，職員間で**情報共有**することで子ども一人ひとりへの対応の充実を図ることができる．例えば，集団活動に関心が持てない子どもに対しては，保育者がともに活動し，今，何をするときかを伝えていく必要がある．保育者間で役割を確認し，他の子どもとの関わりが楽しいことを伝えていく必要がある．また，子どもが事故に巻き込まれる状況が生じる可能性が高くなるため，子どもが園外へと出てしまうことがないように，園庭で活動するときは安全面についての確認を保育者間で**情報共有**しておく必要がある．例えば，Bちゃんに対する対応については，集団活動の楽しさを伝えるために，具体的な言葉で，今，何をする時かを伝えていく必要がある．また，保育者間での**情報共有**のみでは限界があるので，子どもとともに生活している保護者にも情報提供を求め，職員間で話し合って子どもの状況の把握に努める必要がある．

　子どもの中には，感覚が過敏で，なにか関心のあるものがあるとすぐにそちらの方に行ってしまう，また，触覚，嗅覚，視覚，味覚などが過敏な子どももいる．保育者は，それぞれの子どもを把握するために，情報収集し，保育者間で**情報共有**して連携・協働して子どもの保育を行い，**子どもの最善の利益を尊重**する必要がある．

2　スーパービジョン

　スーパービジョンとは，知識や経験等のある者（園長や主任保育者）が，経験の浅い保育者に対

して必要な助言や指導を行うことである.

　保育者が，質の高い子ども・子育て支援をするためには，園長や主任保育者がスーパーバイザーとしてスーパービジョンを行うことが求められる．園長や主任保育者は，日々，担任保育者に対してスーパーバイズしているが，これは，保育者一人ひとりの成長を促すためのものである．これには，教育的機能，管理的機能，支援的機能がある．教育的機能については，保育者の資質向上があるということである．管理的機能については，保育者の子どもや保護者に対する関わりの維持向上と職場環境を整えるということである．支援的機能は，保育者に助言を与えて精神的な安定をもたらし，燃え尽きること（バーンアウト）がないようにすることである.

　例えば，保育者が先輩保育者に助言を求めたときに叱責をしたり，課題点ばかりを伝えて非難をしたりすると，保育者はやる気をなくしてしまい，仕事を辞めてしまうということもある．よって，園長や主任保育者は，保育者が疲労により仕事への意欲がなくなるようなことがないように，保育者が考える保育に対する思い，保護者対応に対する思いを聞いて，保育者に必要な助言を行うようにすることが求められる．また，必要に応じて，事例8-1のように園長や主任保育者が，担任保育者をサポートして助言する必要がある．つまり，園長や主任保育者は，担任保育者が安定した状態で子どもの保育を行うことができるようにするために支援していくということである．そのためにも，園長や主任保育者は，**子どもの最善の利益**を尊重するために，保護者支援だけでなく，保育者に対しても安心して保育・子育て支援をすることができるような環境をもたらす必要がある.

3　コンサルテーション

　保育者は，他の専門職からの助言を受けるというコンサルテーションの機会を得ることがある．それは，職員間で他の専門職からの助言をもとにどのようにしていくかについて打ち合わせ会等を行う中での参考となる情報を得ることができる.

●事例8-3　子どものけがに対する職員間の連携・協働

　Cちゃん（3歳　女児）が，園庭で遊んでいるときに，階段で転んでしまった．Cちゃんは泣きだしたが保育者は特に外傷もなかったので，母親がお迎えの時にCちゃんが階段で転んでしまったことを伝えた．母親は，その時の状況を聞き，「わかりました」と返答し，子どもとともに帰宅した．しかし，帰宅途中にCちゃんが腕をあまりに痛がるので，心配になったため，医療機関に連れていき，診てもらうことになった．医療機関に行くと，レントゲン撮影があり，医師より骨にひびが入っていると伝えられた．驚いた母親は，園側に電話をして，「転んだ時になぜ連絡をくれなかったのか，もっと安全面に配慮してほしい」と伝えてきた.

　園側は，その日の担当保育者から聞いた情報を伝えるとともに，子どもの状況を把握できなかったことを謝罪した．また，安全面での配慮について職員間で情報共有を行い，再発防止に努めることを伝えた．しかし，母親は，「子どもの安全についての配慮がもっと必要だった．明日は有給休暇をとって子どもと過ごすことにしたいので園を休ませる．状況については保育者から直接話が聞きたい」と伝えてきた.

　事例8-3は，保育所側による安全面への配慮が行き届かなかったことが今回の保護者からの電

話となった．この場合における保護者の話を聞くときは，保育者は1人で対応するのではなく，二人体制で対応することが望ましい．保護者の話を聴くことが大事である．保育者が，保護者の話を「それは事実と違う」「しかし……」などの否定形をすぐに使わず，保護者の思いを理解することから始める必要がある．保護者が，保育者に話を聴いてもらえたと感じたら，冷静に話をすることができるようになる．また，保育者が保護者からの思いを聞くことがあった時は，事実関係を明らかにし，今後の対応について伝えていく必要がある．

　保育者は，子どものけが等に関する安全面については問題ないと思い込まず，必要に応じて医療関係者からの助言を受けて対応することが望ましい．したがって，日頃から子どもの体調に関することについての相談ができる専門職と連携・協働ができる体制をつくっておく必要がある．その他，必要に応じて他領域の専門職からも状況に応じて助言を受けることができるような体制をつくっておく必要があるといえる．

第4節　法人内・園内における専門職間の連携・調整の効果

　保育者は，子どもに関わる際，子どもとその保護者の状況を把握することが求められる．例えば，アレルギーがある，発達障がいがある，多文化家庭の子どもであるなど，個別に配慮することが必要な子どもとその保護者への対応が求められる．子どもの安全面での配慮や発達に向けての配慮を考えるために，職員間で**連携・協働**することは，保育の質を高めることになる．保育・教育施設において，発達に関する配慮が必要である場合，得意なことと苦手なこと，友達関係はどのようであるか，自分の思いをコントロールできているか，課題に取り組めているか，ルールを守ることができているかなどについて把握する必要がある．これは，1人の保育者のみの見立てだけでなく複数の保育者の見立てから考えることの方が，子どもの状況を把握することができ，子どもの思いに応じた対応をすることができる．

　保育者にとって，自分以外の保育者からの情報を得ることは，子ども理解をさらに深めていくことになる．子どもの安定した暮らしを考えるうえで，保育・教育施設で情報を共有して支援方針を確認し，一貫性をもって子どもへの対応をすることが必要である．情報を共有することが，「ある保育者は○○と言ったが別の保育者は△△と言った」というような行き違いがなくなり，保育者への信頼を高めることになる．それぞれが連携できていなければ，保護者はだれを信用していいのか分からなくなってしまい，結果として不信感を与えてしまうことになる．保育者が保護者との関係がうまくいかないと，それがストレスとなり，保育に集中できなくなってしまい，結果として，事故等を誘発させてしまうことになる．保育者全員で**情報共有**して子どものことを把握するよう努めることにより，保育者同士の信頼関係を高めることになり，保育者一人ひとりが安定して子どもに関わることができる．それにより，保育の質の充実，また，子育て支援の質の充実をもたらすことができる．

　情報共有できる場があれば，保育者同士の人間関係が深まるとともに，保育や子育て支援についての自己の振り返りや学びへの意欲を高めることになる．

（中　　典子）

第9章

社会資源の活用と他機関・多職種との連携・協働

学びのポイント

　保育所は地域社会に根差した身近な子育ての専門機関として社会的に認知されており，これまで数多くの子育て家庭を支援してきた知識と経験を蓄積している．よって，保育所が保育所以外の専門機関と連携，情報を共有しつつ役割分担して対応することは，子育ての課題を抱える保護者へのより迅速かつ丁寧な対応が期待できる．そこで，本章では，保育所による社会資源の活用と他機関・多職種との連携・協働のあり方について学んでほしい．

事前学習課題：9章の本文を読み，学びのポイントにあるキーワードについて，その言葉の意味を書き出しましょう．

事後学習課題：9章で学んだ内容から，あなたが保育者として何を大切にしたいのか決意表明しましょう．

　キーワード：他機関・多職種との連携・協働，フォーマルな関係機関，インフォーマルな関係機関，虐待の早期発見・早期対応

第1節　保育所と関係機関との連携

1　社会の変化と保育ニーズの変化

　現代社会において，子どもや家庭をめぐる問題は複雑・多様化しており，とりわけ子どもに対する虐待の問題は深刻化する前の早期発見・早期対応が重要とされている．また，保護者の問題としても，ひとり親家庭の増加に伴い，就労と育児，家事の両立やバランスを維持していく負担感は以前にも増して大きくなっている．育児の孤立化が進み，相談や支援を受けられない家庭も少なくない．さらに，新型コロナウイルス感染症の蔓延によって，地域の子育て支援施設の利用停止，人々の交流の制限が生じた結果，育児の孤立化は一層深刻化し，子育て家庭に大きな影響を与えた．その影響は現在も続いている．保護者の育児の孤立化への対応には，保育所だけでは限界があり，関係機関とチームを作り対応していくことが求められる．

2　関係機関との連携の必要が生じる場合：リスクアセスメント

　子どもの保護者の課題については，保育所だけで対応するには限界があることから，地域における専門機関や施設との連携，社会資源を活用しつつ対応していくことが重要である．そのためには，

第9章　社会資源の活用と他機関・多職種との連携・協働　67

表9-1　保育所と連携する関係機関

地域の子育てに関する機関	福祉事務所（家庭児童相談室），保健センター（保健所），児童家庭支援センター，地域子育て支援拠点事業，子育てサークル，こども家庭センター
子どもの発達に関する機関	保健センター（保健所），児童発達支援センター
子どもの虐待に関する機関	福祉事務所（家庭児童相談室），保健センター（保健所），病院，警察，要保護児童対策地域協議会，児童相談所，こども家庭センター
地域の団体	町内会（自治会），民生委員（児童委員），国際交流団体，子育てサークル，読み聞かせサークル

（出典）筆者作成.

保育所が個々のケースについて**リスクアセスメント**を行う力が求められる．**リスクアセスメント**とは，特に虐待ケースなどにおいて，ケースがどれだけ重篤で緊急性が高いのか，また今後危険が高まる恐れがあるかについて調査・評価をすることである．例えば，虐待が疑われるケースの場合，市町村や児童相談所に通告する義務があることから，保育所が支援していくことで対処可能か，関係機関と連携して対応する必要があるかについて判断をする必要がある．

3　関係機関との連携の方法

1）　関係機関の機能や役割の把握

「保育所保育指針解説」「第4章　子育て支援」の「1　保育所における子育て支援に関する基本的事項」「（1）　保育所の特性を生かした子育て支援」では，保育所が特に連携や協働を必要とする地域の関係機関や関係者が示されているが，関係機関と円滑かつスムーズに連携をはかっていくためには，関係機関の機能と役割について理解する必要がある．保育所のある市町村や都道府県にある子育て支援の関係機関については，行政のホームページやスマートフォンのアプリで確認することができる．保育所として保護者がアクセスできる**表9-1**で例示したような社会資源については確認しておくことが望ましい．虐待が疑われるまたは虐待が深刻化する可能性がある場合，要保護児童対策地域協議会の窓口である市町村の児童福祉担当課との連携が重要となる．緊急性が高い場合は児童相談所への虐待通告を行う必要がある．

2）　関係機関と連携するために必要なこと

（1）―課題の整理―

関係機関との連携を検討する際には，保護者が何にどれくらい困っているのか，それがいつから始まったのかといった情報を時系列で整理し，重要なポイントを把握しておく必要がある．そのためには，保護者への面接や聞き取りを行い，市町村から提供される情報などを丁寧に整理することが不可欠である．次に，保育所内で関係者が集まり，意見交換や今後の方向性について確認し，情報の共有化をはかることが重要である．その後，保護者に対して問題の整理と，今後どのような支援を望むのかといった意思の確認を行い，必要に応じて関係機関についての情報を提供するという流れになる．

（2）―記録の整理―

関係機関への連絡・連携をはかるうえで，情報の整理と伝達が必要となる．情報の整理をするためには，保護者の家庭情報についてジェノグラムやエコマップを作成することでよりわかりやすく

なる．また，保育所における子どもの記録や保護者からの相談の記録を整理し，時系列化した資料を作成することで関係者との話し合いがよりスムーズに行うことができる．

3）　介入のタイミング

保育所は保護者に寄り添い支えていくことが求められる一方で，常に"子どもの最善の利益"を最優先に考えなければならない．子どもの生命や権利が侵害されるような状況においては，たとえ保護者が反発する場合であっても，必要な専門機関とつながることを促したり，保育所が虐待通告を行ったりしなければならないこともある．このような子どもにとってリスクが高い家庭への介入は，タイミングが極めて重要であり，適切なタイミングを逃すと子どもの生命が危険にさらされる可能性がある．そのため，保育所内での保育士間の情報共有とハイリスク家庭の把握が不可欠であり，危険なサインが見られた際には，関係者による迅速かつ適切な対応が求められる．

第2節　保育所と連携する関係機関

保育所保育指針「第4章　子育て支援」の「1　保育所における子育て支援に関する基本的事項」「（2）　子育て支援に関して留意すべき事項」に，「ア　保護者に対する子育て支援における地域の関係機関等との連携及び協働を図り，保育所全体の体制構築に努めること」と示されている通り，子育て支援については保護者の多様なニーズに応えるために，地域の関係機関と積極的に連携して支援をしていくことが必要である．

例えば，子どもの障がいや発達の問題，虐待などのマルトリートメントの問題，母親の病気や障がいなどについては自治体や社会福祉法人等の制度化されたフォーマルな資源と制度化されていないインフォーマルな社会資源とをケースバイケースで活用し，連携することで支援の選択の幅を広げていくことが可能となる．

1　フォーマルな関係機関

フォーマルな関係機関とは法律や制度に基づいた子育てに関する機関のことを指し，その運営は自治体や社会福祉法人などが行っている．

1）　生活支援の機関との連携

保育所は，ひとり親家庭の保護者への，生活支援を担うことが難しい．よって，必要に応じて「ひとり親家庭等日常生活支援事業」である一時的な生活援助・保育サービスが必要な場合や，生活環境などの影響により日常生活の営みに支障がでた場合に派遣される家庭生活支援員と保育所の保育士が連携しているケースもある．

2）　相談機関との連携

子どもの発達や障がいについての相談については児童発達支援センターや児童相談所があり，必要に応じて保育所と連携して保護者を支えている．

生活の相談，子どもの養育の相談については市町村の福祉事務所（家庭児童相談室），こども家庭センターや児童相談所があり，必要に応じて保育所と連携し保護者を支えている．

3） 保護者同士がつながる場所との連携

　乳幼児と保護者たちが交流する場については，地域子育て支援拠点事業があり，子育てをしている保護者同士がつながりお互いに支え合いの子育てをしようという場の存在を保育所が保護者に伝えることも行われている．必要に応じて保育所と連携して対応している．

2　インフォーマルな関係機関

　インフォーマルな関係機関とは制度化されていない社会資源のことを指し，運営は NPO 法人，自治会，ボランティア団体などである．具体的には地域の自治会の活動（例えば祭りや餅つき等），絵本の読み聞かせのボランティア活動，地域の公民館等での料理教室や母親同士の交流プログラム，ボランティアによる訪問型の子育て支援など多種多様である．

　それぞれの保護者の状況やニーズを考慮して社会資源があることを伝え，利用につなげていくことが求められる．**フォーマルな機関**は制度に基づいた支援に限定されるが，インフォーマルな関係機関は，個々のケースに応じた柔軟な対応が期待される．

　家庭訪問型子育て支援（ホームビジティング）は，フォーマルな支援として保健センターの保健師が行う「乳児家庭全戸訪問事業」と「養育支援訪問事業」があるが，子育て経験のある "先輩ママ" であるボランティアによる家庭訪問支援の事業もある．

　インフォーマルな関係機関による**家庭訪問型子育て支援**の１つが「**ホームスタート事業**」である．1973（昭和48）年に「親による親支援」「地域のボランティアによるピアサポート」という考えで，親の子育て意欲の向上をめざしイギリスで活動が始まり，その活動は2023（令和５）年現在で世界22か国に拡大し，日本では全国110か所の活動拠点で約2800名の登録ボランティアが活動している．

　未就学児が１人でもいる家庭に，研修を受けた地域の子育て経験者（ホームビジター：ボランティア）が訪問し，保護者の家事や育児をサポートし，子どもと一緒に公園や子育てひろばに外出する等，地域の子育て支援や人々とつながるきっかけづくりも応援している．この活動は子育ての助言や指導は一切しないのが原則で，助言や指導が必要な場合は，助産師や保健師につないでいる．子育て仲間のいない保護者の支援には有効な支援の１つであろう．

●事例9-1　家庭訪問型子育て支援の例

　不安なまま育児を続けるある母親は，近所に子育て中のママ友がいないなか，子育てについて悩みがあっても相談できないでいた．自治体から家庭訪問型子育て支援の「ホームスタートジャパン」を紹介してもらい，ホームビジター（ボランティア）が家庭訪問して，母親の育児の不安や悩みを聞き，思いを受けとめてもらうことで，母親は「自分がやっていることで大丈夫なんだ」と安心することができた．また，子どもを初めて公園へ連れていくときにもホームビジターが同行してくれたことで安心して子どもを連れて外出ができ，自信を持つことができるようになった．

第Ⅰ部　子育て支援の特性と展開

第3節　保育所を利用している保護者支援と関係機関の連携

　本節では保育所として，保護者の多様なニーズに応えるために地域の関係機関との連携について紹介する．

1　虐待が疑われるケース

　「保育所保育指針」「第3章　健康及び安全」において，「子どもの心身の状態等を観察し，不適切な養育の兆候が見られる場合には，市町村や関係機関と連携し，児童福祉法第25条に基づき，適切な対応を図ること．また，虐待が疑われる場合には，速やかに市町村又は児童相談所に通告し，適切な対応を図ること」と規定されており，**虐待の早期発見，早期対応**と虐待の通告が義務づけられている．

　子どもの虐待は幼少期から始まるケースが多いと言われ，**早期発見・早期対応**が不可欠である．そのため，虐待対応において，保育所と児童相談所との連携体制の強化については，今後さらに深めることが必要であろう．保育所は日々子どもと保護者と接しているため，児童虐待の第一発見者となる可能性が高い．しかし，保護者との関係を重視するあまり，児童相談所への通告が難しいという状況が生じることもある．そのため，保育所と児童相談所が合同での研修会やケース検討会を行い，連携体制を強化していくことが求められる．

　最も信頼する対象から虐待を受けた子どもには，精神的にも大きなダメージが生じ，保護者と子どもの間の絆である愛着関係（アタッチメント）が安定して形成されない可能性がある．そのため，**虐待の早期発見・早期対応**は不可欠であることを，保育士は常に自覚すべきである．

　保育所は保護者との信頼関係を大切にしながらも，虐待・ネグレクトを発見した場合には，子どもの権利擁護を最優先に対応することが求められる．

2　子どもに障がいや発達上の課題がみられるケース

　子どもの発達に偏りや，極端な遅れなど障がいが疑われるケースについては，市町村の相談機関，療育機関や医療機関と連携して対応することが重要である．併せて子どもの保護者に子どもの状況の理解と関係機関との連携の重要性について説明を行い，理解を得る必要がある．保育所は，保護者に対する各種関係機関・団体等についての情報提供を行い，保護者の気持ちを受けとめつつ支援を行っている．

　具体的な連携先として，相談関係では市町村の保健センター，市町村の障害担当部署があり，支援機関としては，医療機関や療育センター，児童発達支援センターがあげられる．保育所と市町村の障害担当部署との連携の内容には，障がい児保育における支援，障がいや発達面で課題がある子どもやその保護者への接し方等に関する助言・指導を受けることが含まれている．

　わが子に障がいがあることを受け入れる「障がい受容」については，マイナスに捉える保護者が少なくないことから，保護者の気持ちに寄り添い，丁寧な関わりが求められる．また，保育者自身

が保護者の立場に立って考える視点が重要である．

3　子どもの貧困に関わるケース

　厚生労働省「国民生活基礎調査」（2022（令和4）年）によると，日本の子どもの貧困率は11.5％であった．子どもの9人に1人が貧困の状態にあることを示しており，子どもの貧困はより注目を集めるようになった．とりわけ，ひとり親家庭は深刻で「子どもがいる現役世代世帯」のうち「大人が一人」の世帯の貧困率は44.5％と，約半数のひとり親世帯が貧困状態にある．

　「全国ひとり親世帯等実態調査」（2021（令和3）年）によると，母子家庭は119.5万世帯，父子家庭は14.9万世帯と母子家庭が圧倒的に多い．また，同じひとり親家庭でも世帯収入が大きく異なり，平均年収は母子世帯で373万円，父子世帯は606万円と大きな差が生じている．

　保護者のなかには，経済的に困窮しているものの，誰に何をどのように相談したらよいのかわからない保護者も少なくない．そのため，保育所としては，該当する保護者の課題を整理し，支援方法を保護者と一緒に検討することが必要なケースが多い．経済的に困窮しているのであれば，市町村において児童手当，児童扶養手当などの受給を勧めるなど，公的支援の制度へ繋ぐことも必要であろう．また，近年は地域社会において「子ども食堂」などの食料の支援などの民間による支援も増えていることから，保育所として地域の活用できる資源についてリストアップしておくことも大切なことである．

　さらに，経済的に困窮している保護者に対して，保護者のプライドや感情を傷つけないような配慮も求められる．

4　精神的に不安定な保護者のケース

　ストレスの多い現代社会では，保護者の中に精神的な課題のある人もおり，必要に応じた配慮と支援が求められる．

　保護者が精神的な課題を抱えて保健センターの保健師から子どもの保育所利用を勧められてきたケースもあることから，子どもの保育所利用開始と同時に，保護者への支援を保健センターの保健師と連携して対応する場合もある．子どもの保育所利用を開始した時点では，保護者の精神的な課題が顕在化していないケースであっても，保育所利用が進むにつれ，保護者の精神的な疲れやうつ状態が重篤化していくこともみられる．保護者の中には精神的に疲れ切っている方や，憂うつな気分や気力の低下が長期にわたり，体調面に問題が生じているケースは決して珍しくない．特に，出産後の女性は女性ホルモンのバランスの乱れにより，うつ症状になりやすいことが指摘されている．

　気分転換や時間経過によって気持ちが癒されず，仕事や家事などに向き合えないだけでなく，育児にも悪影響が出てしまうこともある．具体的なケースとして，保護者の生活リズムが不安定で，朝起きられないために，子どもの登園準備ができず，結果として子どもが保育園を休みがちになってしまうこともある．このような状況の保護者に対して，保育士が励まそうとすると，かえってプレッシャーを与え，さらに追い込んでしまう可能性があるため，慎重な対応が求められる．

　精神的に追い込まれていたり，不安定になっていたりする保護者に対する支援は，保育所だけで

72　第Ⅰ部　子育て支援の特性と展開

は改善が難しいことも多い．そのため，地域の保健師や，精神保健福祉士の協力を得て，保育所と関係機関が連携しながら支えていくことが不可欠である．

5　外国に由来（ルーツ）のある子どもの受け入れ

　近年，日本に在留する外国人の増加に伴い，外国に由来のある乳幼児の数が増加している．さらに，子どもが日本国籍であっても保護者の一方が外国籍であるなど，外国とつながりのある子どもの保育所利用は増加傾向にある．これに対応するため，保育所保育指針「第4章　子育て支援」の「2　保育所を利用している保護者に対する子育て支援」「（2）　保護者の状況に配慮した個別の支援」には「ウ　外国籍家庭など，特別な配慮を必要とする家庭の場合には，状況等に応じて個別の支援を行うよう努めること」と規定されている．これに基づき，保育所では言語や文化的な違いを尊重した丁寧な対応が求められている．

　日本語理解や日本文化理解を促進することも大切であるが，日本語でのコミュニケーションを無理に強いるのではなく，保育所側の配慮や支援も必要である．近年，同じ国の外国籍の人々がコミュニティを形成して生活するケースが増加しており，そのようなコミュニティと地域社会をつなぐ橋渡し役として，保育所による支援は有効な役割を果たすことになる．

　外国にルーツのある子どもの保護者が保育所等を利用する際には，日本語が通じないことによるコミュニケーションの問題や，文化の違いに起因する理解不足によるトラブルが考えられる．保護者が日常会話で日本語を問題なく話せても，日本語の読み書きができないことも少なくなく，それぞれのケースに応じた柔軟な対応が求められる．

　具体的には保育所からの保護者への連絡帳や手紙の翻訳を必要に応じて行うなどすれば，双方の理解が深まるだろう．さらに，子どものことについて話し合いが必要な場合には，市町村の国際交流センターなど外部機関や団体に通訳ボランティアの派遣を依頼することも可能であろう．

　諸外国では，多様性を理解して保育を工夫することがむしろ一般的であることから考えても，外国に由来のある子どもや保護者が孤立化しないよう，安心して過ごせる配慮や支援は重要であろう．外国に由来のある子どもの受け入れを経験している保育所との情報共有や連携も有効な手段である．

　今後，外国籍の人の定住が進んでいくことが想定されることから，保育所が行政の機関との連携だけではなく，外国籍住民に対する支援を行っている地域の民間団体との連携についても検討していく必要がある．

●事例9-2　外国籍の母親に対する支援

　保育所を利用しているある子どもの母親は東南アジア出身である．日常会話は特に問題を感じることはなかった．しかし，遠足当日，子どもが遠足の用意をせず登園したため，母親に事情を聞いたところ「忘れていました」とのことだった．また後日，面談の日に母親が現れなかった際も「忘れていました」との返答であった．そこで保育士が「お母さん，お手紙の字を読むのは難しいですか」と尋ねると，母親は「実は，日本語を読むのが苦手なんです」と打ち明けた．その後，保育所は市の国際交流課に連絡し，翻訳を依頼することができたので，以後は母親の母国語に翻訳した手紙を渡すことで，同様の問題は解消された．

第9章　社会資源の活用と他機関・多職種との連携・協働　*73*

6　配偶者間の暴力が疑われるケース

　児童虐待防止法の改正により，配偶者間の暴力を子どもが目撃することを**面前DV**とし，心理的虐待に含まれることが明確化された．2023（令和5）年に警察が児童相談所に児童虐待の疑いがあると通告した18歳未満の子ども12万2806人のうち，**面前DV**ケースは5万2611人にのぼり，配偶者間の暴力と子ども虐待は強い関係性があることがわかる．保育所は保護者が配偶者間の暴力の相談を受けたり，発見したりした場合，見過ごすことなく関係機関である配偶者暴力相談支援センターへの連絡を支援することが求められる．また，子どもへの虐待の可能性もあるため，児童相談所への通告を行い，関係機関が情報を共有しながら対応することが求められる．さらに，DVが深刻なケースでは，母子で利用できるシェルターの利用を促すことも重要であり，重篤なケースについては，配偶者暴力相談支援センターと連携してシェルター利用につなげる対応が期待される．

7　様々な事情で家事・育児が困難なケース

　保育所を利用する保護者の中には，何らかの事情で家事や育児がなかなかうまくいかないケースは少なくない．こうした保護者に対して，保育所が家庭に介入することは難しいため，家事や育児を支援する公的なサポートについての情報提供や窓口になる市町村との連携が重要となる．

　特に，ひとり親家庭の場合，仕事と育児・家事を1人で担うことになり，その両立は大変なことである．残業や，親族の介護等で忙しく家事・育児に困難が生じているひとり親家庭に対して，ヘルパー等を派遣する「ひとり親家庭等日常生活支援事業」が整備されている．親が残業で延長保育では十分に対応できない時などに，生活援助，保育サービス等の生活を支援するヘルパーを派遣し，家事のサポート，一時的な保育を実施することで，保護者の家事・育児の負担を軽減することを狙いとしている．基本的には市町村が保護者に対して情報提供を行っているが，このような支援の制度を知らずに困窮している保護者がいる場合には，保育所が保護者にこれらの事業を紹介し，市町村と連携して困難をかかえている家庭を支えていくことが期待される．

8　保護者の入院，親族の介護等で急に子どもの養育が困難になった場合

　保護者が急に病気などで入院などをする必要が生じ，子どもの養育ができない状況になった場合，児童相談所や市町村が窓口になり，乳児院や児童養護施設においてショートステイ，短期入所などの支援を受けることができる．施設利用の期間は乳児院，児童養護施設などの空き状況によるが，それぞれの保護者のニーズに応じて柔軟な対応が可能である．

●事例9-3　子どもの母親に入院治療が必要になったケース

　保育所を利用しているある子どもの母親から，乳がんが見つかり，医師から放射線治療を勧められ1か月間入院する間，子どもを預けることができるところを探して欲しいという相談があった．父親は仕事の関係で養育が困難であり，母親，父親の親族が近くにいないとのことであった．

　保育所は児童福祉施設の一時利用を提案し，両親は近くの児童相談所を訪れ相談した．幸いにも，近くの乳児院から受け入れが可能であるとのことで，母親の入院と同時に子どもは乳児院において一時入所となった．子どもは慣れない環境に当初は戸惑いが見せていたが，徐々に慣れることができた．母親

は1か月間の入院中の放射線治療が順調に進み，無事退院となり，子どもも家庭に戻った．

9 その他

上記以外の連携としては，保育所を卒園し小学校へ進学した際，家庭状況に課題がある場合は，小学校に対して家庭状況について課題を整理し，必要な情報の提供をする必要がある．このような対応はこれまでも保育所と地域の小学校で行ってきたことであるが，様々な課題を抱えている家庭が増加していることから今後更なる連携が必要になるであろう．

第4節　社会資源の活用と他機関・多職種との連携・協働をより円滑に行うための課題

1　保育所が周囲の関係機関の機能や役割を理解し，連絡体制の確立をしていくために

保育所は地域の重要な子育て支援の専門機関であり，地域住民に広く認知されている場所である．子育て支援の専門職である保育士による子どもの成長への支援で果たす役割はこれまでも重要であり，これからも同様の役割が期待される．

保育所は保護者との信頼関係を大切にした関わりを行っている．しかし，子どもの発言や行動から虐待が疑われた場合，保育所内で速やかに関係者が集まり，問題の整理と対応についての検討を行う．結果として，市町村や児童相談所等に対して保護者による虐待通告をすることになったとしても，保育所は**子どもの最善の利益**を優先することが求められており，適切な対応であることを保育士は理解しておく必要がある．

2　他機関・多職種との連携・協働をより円滑に行うための研修の充実

保育所と他機関・多職種との連携・協働をより円滑に行うためには，保育所が周囲の関係機関の確認と関係機関の機能や役割について理解しておくことが重要である．保育所保育指針解説「第5章　職員の資質向上」に「保育の質の向上を図るには，保育所において子どもの保育に関わるあらゆる職種の職員一人一人が，その資質を向上させることが大切である．特に，保育士は，毎日の保育実践とその振り返りの中で，専門性を向上させていくことが求められる」とある．さらに，第5章「3　職員の研修等」には，保育士は「一人一人が課題を持って主体的に学ぶとともに，他の職員や地域の関係機関など，様々な人や場との関わりの中で共に学び合う環境を醸成していくこと」と規定されている通り，より実践的な研修会が必要とされている．具体的には，児童相談所や家庭児童相談室，要保護児童対策地域協議会等の関係機関との合同研修会や保育所と関係機関との合同で行うケース検討会などが必要である．

外部の研修会への保育士の派遣も一定の効果が期待できるが，事業所単位で研修会が実施できることによって，事業所内で他機関・多職種との連携・協働について共通の理解と対応がよりスムーズになることが期待できる．

（平本　　譲）

第Ⅱ部

子育て支援とその実際

第10章

保育所等における支援

> **学びのポイント**
>
> 子どもを育てるという行為は，家庭の中だけでなく地域や社会全体で行われることが望まれる．そのため，保育者が子育て支援をする際は，保護者の子育ての状況や課題に目を向けるだけでなく，社会の中での保護者の状況や立場を理解した上で支援を行う必要がある．特に，保育所等による子育て支援は，通所する子どもの保護者だけでなく地域の保護者等も対象とする．本章では，保護者の社会的状況に注目し，地域の保育所等や保育者だからこそできる継続的かつ必要な支援について学ぶ．
>
> 事前学習課題：10章の本文を読み，学びのポイントにあるキーワードについて，その言葉の意味を書き出しましょう．
> 事後学修課題：10章で学んだ内容から，あなたが保育者として何を大切にしたいのか決意表明しましょう．
>
> キーワード：こども誰でも通園制度，保護者の孤独感，保護者との連携，相互理解

第1節　子育て家庭をとりまく現状と保育所等における子育て支援

1　子育て家庭をとりまく現状

近年，「保育所落選狙い」「子持ち様」「産休クッキー」といった，子育てや「親」の態度を指すネガティブな言葉がメディアで取り上げられている．女性の社会進出が進む中，出産後も育児と仕事を両立したいと考える女性は増加している[1]．一方で，子育ての当事者とそうでない人々の間に，「親」の特権的態度や制度への不満，不公平感が広がっている．

また，保護者自身が育った地域以外での子育てを指す「アウェイ育児」，1人の保護者で家事・育児のほとんどを担う「ワンオペ育児」，賃金や政治，制度など様々な場面で，まるで子育てが罰のように感じられる「子育て罰」など，頼れる人が少なくサポートが受けづらい中で，孤立感やストレスを抱えながら子育てをしている保護者の負担や困難を示す言葉が登場している．これらの言

1）「保育所落選ねらい」は育児休業の延長を目的に，倍率の高い園を希望することで故意に保育所入所不承諾通知を受け取ることを指す．「子持ち様」は，子どもの体調不良等で欠勤・早退せざるをえない幼い子どもを育てる社員への不満や批判する意味で使われ，「育休クッキー」は，育休を取る際に仕事を引き継ぐ同僚に対しての感謝を示すために送られていたが，受け手によっては，そのデザインやメッセージ，お菓子を送る行為自体を不快に感じることがSNSを通じて話題となった．

葉に共通するのは，子育てと社会生活のバランスの難しさを象徴している点である．様々な制度を利用しつつ社会生活を営みながら子どもを産み育てようとする「親」と，「親」を取り巻く社会の風潮やルールが一体化していない状況が窺える．こうした「親」や子どもに対する眼差しや社会の風潮が必ずしも温かいものではない社会状況がある．一方で，「第16回出生動向基本調査（夫婦調査）」によれば，第一子として2015（平成27）年から2019（平成31・令和元）年に生まれた子どもの母親のうち，出産前まで就労していた母親の割合は77.4%，出産後も就労継続を希望している母親の割合は，出産前に就労していた母親の69.5%となっており，どちらの割合も増加傾向にある．出産後も就労を継続する母親にとって，保育所等の幼児教育・保育施設（以下，園）は不可欠である．また，より子育てに孤立感や困難感を感じやすい状況で子育てに専念する保護者にとっても，地域の中の身近な子育て支援機関としての園への期待は大きい．保育者は，子どもや保護者の個別の状況や背景だけでなく，常に社会の動向を念頭に置いて支援に取り組む必要がある．

　その他にも，現代社会においては，少子化や児童虐待，子どもの貧困など，子どもや子育て家庭を取り巻く課題が山積し，かつ深刻化している．こうした状況を打開し「こどもまんなか社会」の実現に向け，2022（令和4）年6月にこども家庭庁設置法とこども基本法が制定され，2023（令和5）年4月に内閣府の外局としてこども家庭庁が設置された．2025（令和7）年度より，保護者の就労条件に関わらず，一定時間子どもを園に預けることができる「こども誰でも通園制度」が実施されている．これまでにも，様々な事情で一時的に家庭での保育が困難になった場合や保護者のレスパイト（休息）など「保護者の立場からの必要性」に対応する形で，未就園の乳幼児を対象に「一時預かり事業」が実施されてきた．一方，「**こども誰でも通園制度**」では，対象を生後6か月〜2歳の未就園児とし，園が「保護者とともにこどもの育ちを支えていくための制度」となっている．子どもが集団生活の中で様々な刺激を受けることに加え，保護者も子どもを通園させることで，園に在籍する保育者をはじめ，栄養士，看護師等の専門的な知識や理解のある人との接点が生まれる．年齢人口から推計される保育所等の幼児教育・保育施設に通っていない未就園児は，0〜2歳児の約6割となっている（内閣官房こども家庭庁設立準備室，2023）．この制度は子どもへの支援とともに，孤立感や不安を抱えながら子育てをしている保護者にとって心強い支えとなりうる[2]．保護者は，保育者から子どもや子育てに対する具体的・個別的なアドバイスを受けるだけでなく，子どもの育ちをともに喜び，共感し，温かい言葉や応援の声をかけられることで，「家族以外の人が自分たちを気にかけている」と実感できる．この経験は，子育てに対する自信を回復させ，子どもの成長や親子の関係にも良い効果をもたらす．保育者は，保護者が子育ての喜びや楽しさを実感し，子育てを実践する力の向上につながるよう，丁寧な関わりが求められる．

2　保育者が子育て支援を行う際に持つべき視点

　子育てに関する情報が簡単に入手できるSNS（ソーシャル・ネットワーキング・サービス）は，現

2）本資料における「未就園児」には，企業主導型保育事業や認可外保育施設を利用している児童が含まれる．
　内閣官房こども家庭庁設立準備室（2023）.

代社会の子育てにとっても欠かせないものとなっている．SNS等を通じて同じような経験をもつ人々とつながることで，前向きな気持ちになったり，体験談を参考にしたりすることができる．しかし，SNS等で発信される情報には，誇大表現や信ぴょう性の低い情報が含まれる危険性があり，情報の取捨選択が非常に重要となるが，どの情報を信頼していいのかという判断は難しい．

地域の園にも，保育や子育てに関する豊富な情報やノウハウが蓄積されている．園がSNS等と大きく異なるのは，保育者や栄養士，看護師等の専門家が常駐し，保護者や子どもの個別のニーズに応じて，正しい情報を提供しながら課題解決に取り組める点である．また，子どもを通園させているかどうかに関わらず，保育者が子どもと関わる様子や年齢に応じた遊びや活動を通じて生き生きと過ごす子どもたちの姿を，「自分の目で見る」「雰囲気を感じる」ことで安心感を得られる点もSNS等とは大きく異なる．「どちらがいい」という事ではなく，園の支援の特性とSNS等の手軽さをうまく活用してもらえるように，保護者とつながりをもつことがこれからの子育て支援には必要となる．

反面，保育者は保育や子どもに関する専門性を持ち，子どもの幸せと健やかな育ちを願うあまり，保護者に「もっと子どもに○○してあげてほしい」「親なのだから○○するべき」と過度な要求や自身の価値観を押し付けてしまうこともある．また，地域でも「児童虐待」や「児童相談所への通告」が広く認知されるようになり，「子どもが大きな声で泣き続けると近所の人に虐待だと思われるかもしれない」「思わず大声で子どもを叱った．そのうち児童相談所の人が来るかもしれない」という保護者同士の会話を耳にすることもある．

親だからといって全てを完璧にこなせるわけではなく，子どもが大きな声で泣くことは当たり前である．保護者は，周囲や社会の視線に気を遣い萎縮しながらも，一筋縄ではいかない育児に悪戦苦闘し子どもと向き合っている．いくら正論であっても，相手の状況を理解せずに価値観を押し付ければ，保護者を追い詰め，新たな問題を生む可能性があることも忘れてはならない．

では，実際の園で子育て支援に取り組む際，保護者はどのような支援を求めているのか．中谷らは，「保育所等の子育て支援は，保護者の抱える幅広い子育て課題に対応する．そして深刻な子育て課題ほどその背景に子育て以外の生活困難があることが多い」（中谷・鶴・関川，2021）としている．保育所の4歳児5歳児クラスの保護者を対象とした調査では，保護者が子育て以外の悩みを保育者に相談しようと考える基盤要件には，「日常的な保護者へのアプローチ」「信頼される保育所運営」「地域との交流」などがある．これに対して，保護者が悩みを抱えるときに相談を決断させる直接的な誘因条件には，「保育士としての行動特性」「敷居の低い相談対応」「相談場所であることの周知」があげられる．さらに，実際の相談に関わる実践条件としては，「対人援助技術の活用」「相談内容に応じた具体的対応」があげられている．また，別の調査では，保育者と保護者の信頼関係において，保育者の保護者に対する「伝達・傾聴の態度，内容」「伝達・傾聴の技術・方法」「ありのままの保護者の尊重」「有事の納得のいく説明」が保育者に対する信頼感や評価に良い影響を及ぼすとされている（福井，2021）．つまり，保護者は日頃の保育や保育者自身の姿勢，コミュニケーションやカウンセリングのスキルを通じて，相手が信頼できる保育者であるかを見極めている．保育者は，専門的知識や技術を持つだけでなく，子どもや保護者に明るく誠実に接し，普段から信頼

関係を築きながら，保護者が相談しやすい環境を作っていく必要がある．

また，地域に開かれた子育て支援も園の重要な役割となる中で，保育の枠を超えた支援も実施されている．その取り組みの1つとして，子ども食堂があげられる．こども家庭庁からの通達では，保育所等が地域づくりに資する取り組みを行う意義の1つとして，「地域において保育所等は，現に利用しているこどもや保護者だけではなく，かつて保育所等を利用していたこどもや地域住民，保育所等において勤務していた職員その他保育所等と連携して活動する地域の主体とも関わり合う存在である」と示されている．子ども食堂では，大家族で食卓を囲むことが日常であり，地域の多様な人たちと関わり，助け合いながら親も子も学び合っていた時代が再現される．子どもは賑やかで活気ある大人の姿を間近で見て，大人は集団の中で我が子もよその子の分け隔てなく育つ姿を見守る．地域の子育て力が低下しているといわれる現代において，子ども食堂は，地域のつながりを強め，子育ての環境を整える役割を果たしており，このような場が新たな支援の形を生み出している．さらに，子育て家庭にとって身近な社会資源である地域の園が子ども食堂を開設することは，以下の利点がある．保育者が参加することで，子どもや保護者の様子から保育や支援の手がかりを得られるとともに，子育て家庭は地域の園に親しみをもち，入園前から関係性が築ける．また，園に勤めていた職員や，在園児家族，卒園児家族が慣れ親しんだ園と継続的につながることで，親子にとって安心できる居場所となる．加えて，これまでの子どもの育ちや家庭の背景を理解したスタッフによる柔軟で迅速な支援を受けたり，新たな問題の早期発見や予防につなげたりすることが可能になる．園や地域に理解と愛着をもった保護者や園児が，時を経てスタッフとして自分たちの経験を生かしながら次の世代の子育て家庭を支える循環を生むことも考えられる．子ども食堂は，単なる経済的な支援や栄養面でのサポートにとどまらず，その活動を通して小学校進学以降も続く子育てを支える存在の中心として，そして「**地域の子育ての拠点**」としての役割を果たしていく．

第2節　保育所等における「日常の保育に関連した様々な機会」を活用した子育て支援

子どもの健やかな育ちを支えるためには，保育者と保護者の連携や相互理解は不可欠である．保育者は保育の専門家としての考えや思いをもち，保護者は我が子の育ちを誰よりも知っている．双方の立場で把握している情報や子どもへの思いなどを丁寧に共有し，保護者の思いを受け止めることで相互理解を図ることが重要である．保育所保育指針では，次の通りである．

保育所保育指針　第4章子育て支援　2保育所を利用している保護者に対する支援
（1）保護者との相互理解
　ア　日常の保育に関連した様々な機会を活用し子どもの日々の様子の伝達や収集，保育所保育の意図の説明などを通じて，保育者との相互理解を図るよう努めること．
　イ　保育の活動に対する保護者の積極的な参加は，保護者の子育てを自ら実践する力の向上に寄与することから，これを促すこと．

保育所保育指針解説では，「日常の保育に関連した様々な機会」として以下のことがあげられている．

1　連絡帳

　連絡帳は，保育者と保護者の代表的なコミュニケーションツールである．家庭からは子どもの体調や機嫌，家庭での様子，保護者の悩みや質問が記入され，保育者は，保育中の子どもの生活や活動時の具体的な様子，成長を実感した場面のエピソード等を記す．しかし，文字でのやり取りでは，相手の表情や声のトーンなどの間接的な情報が得られず，誤解や行き違いが生じやすい．そのため，保育者には情報を正確に伝える表現力と相手の思いを読み取る力が求められる．連絡帳は，保護者と保育者，家庭と園をつなぐ重要な情報共有ツールであり，保護者と保育者がともに作る子どもの成長記録とも捉えることができる．

2　保護者へのお便り

　園では，保護者に向けて日々の保育の様子や意図を様々な形で情報発信を行い，保護者の理解や協力を得られるようにしている．日本語を母国語としない保護者も在籍することから，全ての保護者にとってわかりやすく伝える工夫が必要である．また，お便り等で発信される季節ごとの給食レシピや，感染症対策等の情報は子育ての参考となる．クラスの様子などを子どもと保護者が一緒に読むことは，親子の絆を深め，保護者も子どもの成長を感じられるひとときとなる．

　近年では，紙媒体だけでなくICTを活用し，写真や動画を添えて情報を発信する園も増えている．園は保育の意図や子育て情報を発信する際，保護者に目を留めてもらい関心を持ってもらえるよう，発信方法や内容を工夫する必要がある．

3　送迎時の対話

　送迎時は，保護者と直接顔を合わせて子どもの様子を伝えあうことのできる貴重な機会である．慌ただしい時間ではあるが，保育者が保護者の様子を継続して捉え，少しの変化に気づくことができるのもこの時である．話しやすい雰囲気をつくったり積極的に声をかけたりしていきたい．体調の変化や怪我，友達とのトラブルなど連絡帳だけでは十分に伝えきれない内容を補完するだけでなく，何気ない会話から，保護者の心情を読み取り，保護者の抱える課題に気づいたり，日々成長していく子どもの姿を伝え子育ての喜びを共有したりすることが大切である．

4　保育参観や保育参加

　保育参観・参加は，保護者が園での子どもの生活や様子を知り，保育者のきめ細やかな子どもへの関わり方や同年齢の子どもの成長を理解する良い機会である．同じ日に大勢の保護者が参観するだけではなく，1日1人の保護者と限定して普段の保育に入ったり，我が子の在席する学年以外のクラスの保育に参加したりするなど，個別で対応し保育者が時間をかけて丁寧に子どもの活動や育ちを説明する機会を設けている園もある．保育参観・参加を通し，保育者と保護者の相互理解や保護者の子ども理解が促されることで，支援の質が向上することも期待される．

5　園行事

　運動会や発表会等の行事では，子どもが日頃の保育の中での取り組みを保護者に披露する場となる．普段は来園することの少ない家族や祖父母，地域の人たちも来園することもあり，子どもの成長を見てもらったり，保育方針や保育の意図を知らせたりすることができる．当日だけでなく，そこに至るまでの子どもの頑張りや様々な思いや葛藤といった子どもの内面を保育者が伝えることで，子どもも保護者も一緒に成長を実感し，喜ぶ機会としたい．

6　入園前の見学

　子どもが一日の大半を過ごす園は，保護者が安心して子どもを預けられることが何より重要である．そのためには，入園前に園の保育方針や保育内容などを実際の保育を見たり体験したりしてもらいながら保護者にわかりやすく伝え，理解を得ることが必須である．また，丁寧な対話を通じて保護者の思いを理解し，信頼関係の礎を築くことが大切である．

7　個人面談

　落ち着いた環境で個別に時間をとって担任保育者と保護者で話の出来る個人面談は，子どもの成長や課題を共有するだけでなく，保護者の思いや悩みに気づく良い機会である．また，普段伝えにくい問題も相談されることがあり，個人情報に注意しながら他の職員と情報共有が必要になることもある．面談で話題になったことを気にかけ，継続的に保護者と情報を共有することが，保護者の保育者に対する安心感や信頼感につながっていく．

8　家庭訪問

　家庭訪問を通じて，子どもの育つ環境や家庭での親子のやりとりを実際に見たり，子どもや保護者の生活上の課題が見えてきたりすることがある．しかし，家の様子を見られることに抵抗を感じる保護者もおり，保護者や家庭の状況に合わせた訪問の工夫が必要となる場合がある．

9　PTA 活動

　共働き家庭の増加に伴い，保護者参加型の園行事やPTA活動の見直しが進んでいる．保護者間で共有される日常的で地域に根差した情報は子育てに非常に有益であり，孤立した育児になりがちな状況では地域の子育て仲間の存在は心強い．園がコーディネーターとなって保護者同士の交流や父親が参加しやすい活動の場を提供していることが多い．保護者のリフレッシュや子育て仲間を生むことが期待される．

第3節　保育所等における子育て支援の事例

　園では，実際にどのような子育て支援を行っているのだろうか．ここでは，保育所に子どもを通わせている保護者への支援について事例をあげながら考えていきたい．

1　事例10-1の概要

　保護者に対する子育て支援を行う際には，家庭の実態を踏まえ，保護者の気持ちを受け止め，自己決定を尊重することが求められる．しかし，実際の保育現場では，保護者や思いと子どもの最善の利益との間で葛藤することがある．本事例は，気になる様子を見せる子どもの保護者と意思の疎通や連携が思うようにいかない事例である．

●事例10-1　Ａちゃんの育ちを支える支援

　２歳児のＡちゃんは，保育所で午前中ぼんやり過ごし，給食の時間には疲れて眠そうにすることが多かった．食事中も集中せず，立ち歩いたり遊び始めたりする様子が見られたため，保育者は保護者に園での様子を少しずつ伝え，家庭での様子を尋ねた．保護者によると，家庭では好きなものを少量しか食べず，間食が多く，夜寝る時間が遅く朝起きられないとのことだった．保育者は，家庭との連携が必要と感じ，「おうちでもしっかりお腹が空いてから，食べられるようにするといいですね」「眠くなくても，毎日決まった時間に布団に入ったり，部屋を暗くして静かな時間を過ごしたりしてみるのもいいですよ」など，具体的な改善策を提案したが，保護者は「わかりました」と言うものの，状況は改善されなかった．保育者は園長や主任保育士と相談し，保護者への働きかけを続ける一方で，保護者に許可を得てＡちゃんの発達に合わせて１歳児クラスの生活リズムを取り入れることにした．給食と午睡の時間を１歳児と合わせた結果，午前中に意欲的に活動する様子が増えたが，食事中の立ち歩きは続いた．

　保育者は，他の保育者にも協力してもらい，Ａちゃんにマンツーマンで援助することにした．初めは，保育者の膝に座ったり，食べさせてもらったりしていたＡちゃんも，２週間ほど継続すると落ち着いて自分でスプーンを持って食事ができるようになってきた．

　Ａちゃんの保護者には，園での関わり方やＡちゃんの頑張っていることやできるようになってきたことを連絡帳や登降園時に伝えているが，「そうなんですね」とどこか他人事のような返事が多く保護者がどう思っているのかわからないと感じることもある．それでも，まずはＡちゃんが毎日元気に楽しく過ごせるようにすることを第一に考えて試行錯誤しながら保育を行っている．

2　事例のふりかえり

　保育所保育指針第１章総則では，保育所は「入所する子どもの最善の利益を考慮し，その福祉を増進することに最もふさわしい生活の場でなければならない．」とされている．本事例では，保育者は，Ａちゃんの育ちに課題を感じ，家庭との連携を図るため保護者に働きかけるが，保護者の反応は薄く思いが読み取れない．保育者は子どもの最善の利益と保護者への子育て支援の狭間で葛藤を抱えながらも，他の保育者と連携して柔軟に保育を進めることでＡちゃんの最善の利益を保障し，課題を少しずつ克服しようとしている．

　保護者に対する子育て支援は，「保護者の気持ちを受け止め，相互の信頼関係を基本に，保護者の自己決定を尊重すること」とされている．保育者が初めから保護者に「家庭でも子どもの生活リズムを第一に考えてほしい」と伝えた場合，保育者と保護者の信頼関係は崩れてしまう可能性がある．保育者は，園生活の中で少しずつ成長し変化していくＡちゃんの姿を伝え，継続的に細やかに保護者と関わる必要がある．

（福井千夏）

第11章

多様な機関・施設・事業所が行う地域子育て支援

> **学びのポイント**
>
> 本章では,まず「地域の子育て家庭全体に対する支援」の必要性について理解を深め,その後に多様な機関や施設が行う実践事例4つから,保育者および支援者の支援に対する心構え,役割,連携のあり方等についてさらに学びを深める.自分が保育者・支援者だったらどのような心持ちで,どう言葉をかけ,どう行動するのが良いのか,あるいは自分が子育て中の保護者だったら,地域のどのような保育者・支援者に信頼を寄せるのか,という問いを持ちながら読み進めてほしい.
>
> 事前学習課題:11章の本文を読み,学びのポイントにあるキーワードについて,その言葉の意味を書き出しましょう.
>
> 事後学習課題:11章で学んだ内容から,あなたが保育者として何を大切にしたいのか決意表明しましょう.
>
> キーワード:ジェンダー平等,アロペアレンティング,アンコンシャス・バイアス,ペアレンティング・プログラム

第1節 地域の子育て家庭に対する支援の必要性とこれからの地域子育て支援

日本の少子化が深刻な問題であるとして注目を集めはじめた1990年代初めから現在に至るまで,地域における様々な子育て支援の取り組みが行われてきた.30年以上を経た現在では,地域の至るところに子育て支援施設が設置され,保育者をはじめとした専門職が子育て家庭の支援にあたることは当然のこととなっている.それは保健センター等の公的な機関のみならず,教育・保育施設,地域子育て支援拠点,民間のNPOや企業,そして大学など高等教育機関等による多種多様な場での子育て支援が展開されるまでになった.

ではなぜ,この約30年の間に地域の子育て支援がこれほどまでに進んだのだろうか.それにはいくつかの要素があると思われるが,以下に主な三点について論じ,さらに今後求められる地域子育て支援のあり方についても言及する.

1 地域の子育て家庭に対する支援の必要性

1) 少子化,核家族化と子育て

地域の子育て家庭に対する組織的な支援が必要となったことの1つに,日本の急速な**少子化**,**核**

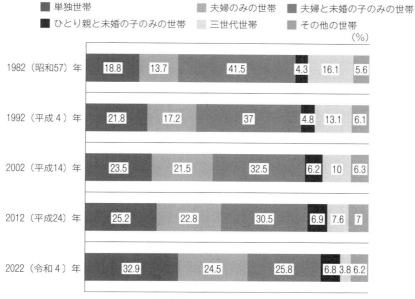

図11-1　世帯構成の推移（1982年～2022年）
（出典）政府統計の総合窓口（2024）より筆者作成.

家族化という理由があげられる．**少子化，核家族化**はすなわち，家庭内における子どもを見守る目，世話をする手の減少を意味する．戦前・戦中の日本は，家庭の中に祖父母や年長のきょうだいが大勢いたことから，子育てに対する母親の負担は少なかった（もっとも，母親は家業［農業等］の担い手でもあり，子育てにだけ時間をかけられなかった事情もある）．また当時の年長のきょうだいは，弟や妹の世話をすることで子育てが自然と身についたことから，大人になって自分の子どもを育てる時が来ても戸惑いは少なかったことだろう．しかし，現代の少子化，核家族化のますますの進行によって，親はわが子を迎えて初めて乳児を抱く経験をし，特に母親においてはたった1人で不慣れな子育てに多くの時間を割くこととなってしまった．

2）地域環境の変化による「孤育て」

2つ目の要因として，子どもが育つ地域環境の変化があげられる．かつては地域の大人が地域全体で子どもを見守り，時には叱ったり慰めたりする役割を有していた．地域内の各家庭の行き来も頻繁で，近所に調味料を借りに行ったり夕飯のおかずを共有したりするエピソードに事欠かない社会であった．しかし現在では住環境の快適さも手伝い，家庭は閉ざされ，地域は互いに干渉し合わないことを良しとするようになった．そのような環境下で，地域が子育て家庭のSOSを拾うことは簡単ではないことから，官民両面からの組織的な子育て支援が必要となったのである．

3）母親にかかる過重な育児負担

世界から見ればジェンダー平等の下位国である日本では，未だ性別役割分業意識の下に社会・文化的に形成された女性の役割，男性の役割が人々の生活に大きく影響を及ぼしている．3歳くらいまでは母親が子育てに専念する方が子どものために良いとする「**三歳児神話**」はその名の通り，根拠のない神話であることがよく知られるようになった現在でさえ，現実には出産後の女性たちが就

業を継続するための社会的基盤が整っているとは言い難いため，子どもが幼児期のうちは専業主婦として家庭に留まる選択をする女性も決して少なくない．

　日本の場合，多くの女性たちは出産後に離職し，その後の再就職は非正規労働やパートタイム労働を選ばざるを得ない環境にいる者が多い．そしてそのことが男女の賃金格差にも大きく影響している（吉田，2024）．子育て中の女性が自分の理想とするライフコースを選ぶことのできる社会の実現が，少子化そしてワンオペ育児による母子の孤立という日本が抱える課題への解決にもつながる．当然のことながらそのような社会の実現のためには地域での子育て支援は欠かせない．あわせてそこで働く保育者一人ひとりの意識のアップデートも課題解決の一助となり得る．

2　地域の子育て支援に求められる変化

1）　アロペアレンティング

　母親が主たる養育者であり父親や他の大人は従であるといった子育て観は，ややもすればまるで人間の生まれもった特質に基づいているかのように思われがちである．しかし本来人間は**アロペアレンティング**，すなわち子どもを取り巻く周囲の大人が共同で養育をする子育て戦略を取ってきた種である．古来母親は，**アロペアレンティング**のネットワークを当然のごとく活用した上で個としての人生も十分に送り，子どもも子どもでそのような育ち方に十分に適応してきたことが知られている（根ケ山・柏木，2010）．

　一方，1950年代に始まる高度経済成長期から現在に至るまで，子育て領域での母親の担う役割の重さが日本の大きな課題となっている．ようやく育児休業制度の見直しが図られる等，父親が重要な養育者の1人であることが注目されるようにはなってきたが，それでもこれまで子育てに関わってこなかった男性が主たる養育者になるまでの道のりは決して簡単ではない．例えば2022（令和4）年の児童虐待事件の検挙総数を見たとき，父親の割合が71.6％を占めるという事実もある（法務省，2023）．今後は父親の困り感やニーズに特化した子育て支援が必要になることは明らかである．さらには，父親・母親以外つまり保育者・支援者も含めた地域全体において子どもを取り巻く大人の**アロペアレンティング**の重要性も見えてくる．

2）　これからの子育て支援

　日本で地域子育て支援が始まった約30年前と現在とでは，社会そして子育て家庭のライフスタイルや背景も大きく変化してきている．それに伴い子育て支援のあり方もそのニーズを捉え，柔軟に変えていくことは当然のことである．その際，保育者・支援者のもつ意識のアップデートも重要であろう．

　世界のジェンダー平等化の潮流から見た日本の現状をふまえ，それとともに本来人間に適応的であるはずのアロペアレンティングという養育方式について認識を深める必要もある．その上で子どもの最善の利益に寄与するのはもちろんのこと，保護者にとっての**ウェルビーイング**（個人の身体的・精神的・社会的に健康で満たされた状態）に寄与する子育て支援のあり方についても改めて思考することが，これからの保育者・支援者には求められる．

第2節　地域の子育て家庭に対する支援の実際

　第2節では，子育て家庭の抱える課題を解決するための様々な地域支援について，事例をもとに考えてみよう．

1　アロペアレンティングを意識して行う支援実践

1）　預かり保育を利用する母親への保育者の意識

●**事例11-1　預かり保育に対する保育士のアンコンシャス・バイアス**

　　常日頃から子どもと保護者のウェルビーイングを大切に考えている地域子育て支援センター長のAさんは，ある日の預かり保育中にセンターの保育者であるB先生とC先生の以下の会話を聞いてしまった．
　　B　「Dちゃんのお母さん，今日は仕事や通院でDちゃんを預けたのではなく，友人と会うかららしいのよ．そんな理由で子を預けるなんて，母親としてどうかと思うわ」
　　C　「そうよね．それでなくても普段は仕事で子どもと過ごす時間が少ないのに，たまの休みの日くらい一緒にいてあげようと思わないのかしら．Dちゃんがかわいそうよね」
　　偶然その会話を耳にしたセンター長であるAさんはその場ですぐにB先生とC先生を呼んで注意することもできたが，まずはなぜこの2人がこのような発言をするのかについて考えてみることにした．するとこの2人が，「子育ては母親の役割」，「幼児期の子の母親は何をおいても子育て中心に生活を組み立てるべき」というジェンダー・アンコンシャス・バイアスを持っていることが予想できた．そこで，アロペアレンティングやジェンダー平等について，改めてセンターの全保育者で学ぶ機会をもつこととした．あわせて預かり保育のシフトにゆとりがあるかどうか，勤務形態のせいで保育者にストレスがかかっていないかどうかを見直すことも行った．

【事例11-1の解説】

　これはセンター長Aさんが気づいたように，保育者の**アンコンシャス・バイアス**が影響する事例の可能性が高い．**アンコンシャス・バイアス**とは，自分自身のこれまでの経験や知識に基づく無意識の偏った考え方やものの見方のことである（内閣府男女共同参画局，2021）．子育てを巡る**アンコンシャス・バイアス**は，保育職に就く人々の中にも深く浸潤し，特にゆとりのない状況下などにおいて保護者や子どもを無意識に傷つけてしまうことがある．

　預かり保育をリフレッシュのために利用する保護者に対しては，むしろ「ゆっくりしてきて下さいね．子どもさんのことは大切にみていますから」等と，保護者を安心させる心遣いが必要であろう．実際に保護者がリフレッシュのために数時間子どもと離れるだけで，その後の子どもへの関わりが穏やかになったり，愛おしさが増したりすることもあり，預かり保育の大きな効果が見られことがある．

　保育者・支援者は一時預かり等の子育て支援制度の重要な役割・意義を認識するとともに，自分自身の**アンコンシャス・バイアス**を常に点検することも大切である．

88　第Ⅱ部　子育て支援とその実際

2）　父親の子育てに対する地域支援

●事例11-2　父親対象の子育て講座の効果

　地域子育て支援センターで子育て支援員として働くＥさんは，週末になるとセンターの子育てひろ
ばに頻繁に訪れる父親Ｆさんと３歳男児のＧちゃん親子が気になっていた．それは，父親Ｆさんが時
折見せるＧちゃんへの厳しい声かけのせいであった．
　Ｅさんはこの心配を同僚たちに相談しても，「お父さんだから子育てが上手じゃなくて当然よ．あの
くらい仕方ないわよ」と言われるばかりであった．しかしある日，Ｅさんは父親ＦさんがＧちゃんの
自己主張に耐えきれず，声を荒げて叩いてしまった姿を目撃した．そこでＥさんは，「この時期の子ど
もさんは，本当に関わりが難しいですよね」と穏やかに声をかけ，Ｆさんとゆっくり話す時間を取るこ
とにした．
　この出来事以降，Ｅさんは，多くの父親がわが子と関わりたいと思ってはいても，その方法を学ぶ機
会がほとんどないことを認識し，父親対象の**ペアレンティング・プログラム**講座を企画するようになっ
た．理論的・体系的に子育てスキルを学ぶことができる「前向き子育てトリプルＰ」等のペアレンティ
ング・プログラムは受講した父親に大好評である．[1]

【事例11-2の解説】

　これは「子育ての主体は母親で，父親は補助的役割である．そのため多少の不適切な関わりがあっ
ても仕方がない」と見過ごし，支援の手が及びにくくなる**アンコンシャス・バイアス**の事例と言え
る．決して「父親の子育てを厳しく監視せよ」ということではなく，これまで子どもの育ちに対し
て積極的な関与を求められてこなかった男性が抱える育児への困り感の深さを認識し，どのような
形での支援が受け入れられやすいのか，効果的なのか，地域の保育者・支援者は今一度真剣に考え
なければならない．あわせて，父親・母親という枠組みだけではない様々な背景のある子どもの養
育者に対応しようとする柔軟な思考・姿勢をもつことも不可欠となる．

ミニワーク　クイズ　──アンコンシャス・バイアス──

　以下の①から⑤のなかで，子育て家庭に対する保育者・支援者側のアンコンシャス・バイアスと思わ
れる考え方に○をつけてみよう．
① いくら子どもが望むからといって，男児にスカートをはかせる親は問題である．
② 子どもが登園後に発熱した時，園から（父親ではなく）母親に最初に連絡が行くのは当然だ．
③ 就学前の子どもには，早寝早起き等の規則正しい生活リズムを作ってあげるのが良い．
④ 配偶者や子を養うために働くのは父親の役目だ．
⑤ 母親は，子どもが幼いうちはキャリアアップ（職場での出世等）を目指して頑張るよりも子育てを
　優先するべきだ．子どもにとってはそれが一番良い．

1）前向き子育てトリプルＰとは，オーストラリア・クイーンズランド大学のMatthew. R. Sandres教授によっ
　て約30年前に開発され，世界十数か国で実施されているペアレンティング・プログラムである．多段階（レ
　ベル）による地域アプローチが特徴であり，特に日本では幼児期から学齢期の子の保護者向け「レベル４グ
　ループトリプルＰ」が多く実施されている．親が子どもの自律性を育てる方法を実践的に学ぶことができ，
　虐待予防にも効果があることが認められている．

第11章　多様な機関・施設・事業所が行う地域子育て支援　　*89*

2　地域の各機関の連携による子育て支援の実践

1）　家庭内で閉じられた子育て（密室育児）から外に開く子育てへの支援

●事例11-3　専門職の母親理解に基づく子育て支援

　Hさんは，夫の転勤に伴い他の地域から現在の場所に移り住み，現在1歳半となった女児Iちゃんと日中を過ごしている．Hさんには今の地域に頼れる親戚や子育て仲間もいないため，手探りで子育てを行ってきた．最近Hさんは，Iちゃんにとってあまり良くないと知ってはいながらも，日中はタブレット端末を渡して映像を見せ続けることが多くなった．そうすることでHさんは自分一人の時間を確保できることから，ますますIちゃんの視聴時間は長くなっていった．

　ある日，地域の保健センターで1歳6か月児健康診査があり，そこでHさんは保健師JさんからIちゃんの言葉の発達についての指摘を受ける．担当の保健師Jさんから「心理士がIちゃんの発達について相談にのるので，後日改めて来所してください」という誘いに大きな戸惑いを感じたが，夫も「行ってみたほうが良い」と言うので，しぶしぶ当日を迎えた．

　1時間ほどの発達相談を終えた後，Hさんは「来てよかったな」という思いを抱いた．心理士Kさんをはじめとして保健師Jさんや保育士等のスタッフみなが自分の子育てを責めることなく，これまでのことを労ってくれた．そして，「映像を見せてはいけない」と叱られるとばかり思っていたのだが，まずは自分の生活を丁寧に聞いてくれ，今Iちゃんに対してできそうなことを探してくれたのだ．

　最後に心理士Kさんから「私やここの保健師，保育士が運営している親子教室があるのだけど，来てみない？」という誘いを受け，「まあ，この人たちがいるならいいか」と，参加することを承諾した．

【事例11-3の解説】

　これまでほぼ家庭の中だけに閉じていた子育て（密室育児）が，少し外界へと広がった事例といえよう．Hさんのように，周囲に手を貸してくれる大人の力が見出しにくい場合，タブレット端末は非常に魅力的な子育ての道具となる一方で，その使い方を誤ると子どもの育ちに対してマイナスに働くこともある．もちろんIちゃんの発達に映像の視聴がどの程度影響を及ぼしていたのかは定かではないが，映像の視聴以外に得られたはずの経験の妨げにはなっていたかもしれない．子どもの育ちに関して急速に広がった重要課題として，子どもそして親のIT機器との付き合い方があげられるだろう．

　しかし本事例においては，Hさんに対して「タブレット端末に子育てを任せてはいけない」という指摘は，保健師，心理士，保育士，その場にいた誰からも出なかった．それは，Hさんの「孤育て」の状況を十分に理解し，受け止め，「きっと自分が取り得る他の子育ての方法が分からなかったのだろう」とスタッフは考えたからだ．そのため心理士Kさんは面談の中で，まずはHさんが始められそうなIちゃんとの関わり方を探していったのである．

　保護者との良好な関係を維持していくためには，まずは**ラポール**を形成することに努める必要がある．ラポールとは互いに信頼し合える状態のことであり，主に心理面接の際に用いられる用語である．一般的に私たちは，自分や自分の子どもを否定する他者に対して信頼して話すことは難しい．これまで他者から自分の子育てを批判される経験の多かったHさんだったが，今回はむしろ自分の子育てを認められたように感じ，「こんなスタッフのいるところなら来てみても良いか」と，親子教室の誘いに応じることにつながったのである．もし保健師や心理士の対応に対してHさんが

90   第Ⅱ部　子育て支援とその実際

「もう二度と支援は受けたくない」と支援者に不信感を持ってしまったとしたら，まったく違った展開が訪れていたことだろう．このように，子どもそして保護者の**ウェルビーイング**のために保育者・支援者ができることは決して少なくない．

　保護者の**自己決定**を促進し，**エンパワメント**するために必要なことは「助言」だけではないことがわかる事例である．

２）　子どもおよび家族の発達段階を見据える支援と連携

●事例11-4　信頼関係がもたらした支援の広がり

　　Hさんは I ちゃんとともに，保健センターが主催する親子教室に通うことを継続していた．思いの外，自分も I ちゃんも楽しんで通えていたし，何よりも終了後にスタッフの保育士や心理士，保健師に子育ての疑問を聞いてもらう時間が大事に思えていた．ある時，もうすぐ3歳になる I ちゃんの行動で気になることが多くなり，いつものようにスタッフに相談すると，「I ちゃんも就園が近くなってきたし，月1回のこの親子教室ではなく，発達を促す週1回の教室があるので，そちらに行ってみても良いかもしれませんね」との提案があった．そこで，同じように安心できる会であるとの言葉を信じ，通ってみる決心をした．
　　そこは別の法人が運営する児童発達支援事業所主催の教室だった．子どもが保育士，言語聴覚士，作業療法士等の資格を有するスタッフとともに活動をしている間，保護者は別室にて心理士とともにペアレンティング・プログラム（親支援プログラム）を受講する仕組みをとっていた．Hさんははじめ躊躇したものの，子育ての具体的な方法を学ぶことができるメリットを感じたとともに，次第に受講グループ内の結びつきができ，信頼できる友達もできていったことから，今回の参加を決めて本当に良かったと思えた．
　　現在4歳になる I ちゃんは，地域の認定こども園に通いながらこの児童発達支援事業所にも通っている．両機関が連携体制をとっているため，Hさんは安心している．半年後には第二子を出産予定でもあり，また何か困ったことがあったらまずは保健センターのスタッフに相談しようと考えているところである．

【事例11-4の解説】

　この事例は，多くの重要な支援の要素を含むものとなっている．まず，自治体（保健センター）で行う支援には限りがあるとして，保健センターの保健師はその先のステップを地域の他機関に託している．このように，これまで築いてきたHさんとの**ラポール**を継続しつつ他機関につなぐためには，あらかじめHさんや I ちゃんに合う機関の見当をつけておき，選択肢を用意しておくことが必要である．そのためには日頃から地域の支援機関と密接な関係を築いておく必要がある．

　さらに子どもの発達を支えるためには，子どもにだけアプローチをすれば良いわけではないことも示唆された．ここに登場する発達支援事業所では**ペアレンティング・プログラム**を保護者が学ぶことができ，Hさんの大きな助けとなった．

　本章の冒頭や父親Fさんの【事例11-2】にも共通するように，保護者は自分の子どもが生まれるまで乳幼児と関わったことがない人がほとんどであり，どう子どもと関われば良いのか戸惑うことも多い．そこで，エビデンス（効果における科学的根拠）のある**ペアレンティング・プログラム**から，我が子とのより良い関わり方を学ぶことは大切である．現在，日本の中で様々な**ペアレンティ**

ング・プログラムが実施されている．ペアレンティング・プログラムは，親支援（教育）プログラムと言われることもあり，その多くは幼児期あるいは学齢期の子どもの保護者対象であるが，目的はそれぞれ子育ての技術を学ぶもの，横の（親同士の）つながりを重視するもの，保護者自らの行動修正を促すもの等がある（伊藤，2007）．

2022（令和4）年の児童福祉法改正により包括的な支援体制の強化・拡充を図り，「**親子関係形成支援事業**」が新設されるに至った．2024（令和6）年度からの適用となることから，今後は日本でもエビデンスのある様々な**ペアレンティング・プログラム**が各地域で広く展開され，子育て家庭に大いに貢献することが期待されている．

本章では，多様な地域子育て支援について触れた．加速化する時代の変化に伴い，かつての地域子育て支援と現在のそれとでは，支援ニーズが大きく異なることは先述した通りである．保育者および支援者は，自分に凝り固まった思い込みがないかを常に意識するとともに，地域の子育て家庭への支援に対する心構え，役割，連携のあり方等をアップデートしていくことに躊躇しない姿勢が重要となる．

（中島 美那子）

第12章

障がいのある子どもおよびその家庭に対する支援と配慮

学びのポイント

　障がいのある子どもに対して保育者が行う支援や配慮については，保育所保育指針などで「障害や様々な発達上の課題など，状況に応じて適切に配慮する必要がある」「子どもたちが共に過ごす経験は，（中略）相互に人格と個性を尊重し合いながら共生する社会の基盤になる」等，その方向性が示されている．併せて，障がいのある子どもの家庭への支援と配慮も，保育者の重要な役割となる．これらを踏まえ，本章の学びを深めてほしい．

事前学習課題：12章の本文を読み，学びのポイントにあるキーワードについて，その言葉の意味を書き出しましょう．

事後学習課題：12章で学んだ内容から，あなたが保育者として何を大切にしたいのか決意表明しましょう．

　キーワード：気になる子ども，構造化と視覚支援，バリアフリー，障がい受容，共生社会

第1節　障がいのある子どもの理解

　2022（令和4）年12月，文部科学省から「通常の学級に在籍する特別な教育的支援を必要とする児童生徒に関する調査結果（令和4年）について」が発表され，通常学級に在籍する小学生の10.4%に，行動面や学習面で著しい困難を示す**発達障がい**の可能性があることが示された．調査は通常学級で実施されており，保育所などから特別支援学校や特別支援学級に修学した子どもは含まれていない．ここから，保育段階で特別な支援や配慮を必要とする子どもの数値を図るならば，さらに大きな数値となることが想定される．保育所等では発達障がいのある子どもをはじめ，知的障がい（知的機能などに障がいが見られ，日常生活の中で様々な困難が生じる）や肢体不自由（上肢や下肢，体幹等の欠損や麻痺が見られ，日常生活動作が困難な状態），視覚障がいや聴覚障がい，病弱など様々な障がいのある子どもが在籍し，小学校への就学では特別支援教育の対象となる子どもが一定数含まれているためである．

　また，発達障がいは**先天性**（生まれつき）の障がいとなるが，知的障がいや肢体不自由等の障がいでは先天性の障がいのみならず，**後天性**（生まれた後に発症）の障がいが含まれる．すなわち，生まれた時には障がいがなくても，乳幼児期もしくはそれ以降に何らかの原因により障がいが生じ

第12章　障がいのある子どもおよびその家庭に対する支援と配慮　*93*

る場合がある，ということになる．その原因は病気や事故などで障がいが生じることがしばしば見られる．これらを踏まえると，保育所等では10.4％の数値を上回る，特別な支援や配慮を必要とする子どもが在籍していると捉えられる．

1　気になる子どもについて

　発達障がいについてはマスメディア等でもよく取り上げられるようになり，社会的に広く知られるようになった．「気になる子ども」とは，現時点で発達障がいと診断されているわけではないが，行動面や学習面，社会性で何らかの気になる点（困難さ）がある子どものことである．すなわち，発達において「気になる子ども」ということになる．ただし，乳幼児期の段階では子ども一人ひとりの発達の個人差も大きいため，子どもの成長過程で気になる言動などがいつの間にか解消されていた，気にならなくなっていた，ということもある．逆に，気になる言動などがさらに目立つようになっている，増えているといったことも起こり得る．

　当事者である子どもの視点で捉えると，日常生活の様々な場面で何らかの「困りごと」が生じることになる．乳幼児期の発達過程において，その場にふさわしくない，適切ではない言動と指摘されたり注意を受けたりする機会が徐々に増える．周囲の大人などからの指摘に戸惑うのだが，なおかつ自身が何に対してどのように困っているのか，問題の本質をうまく説明できずさらに困る展開になってしまう．こうした状態に，幼児期の子どもが置かれてしまうのである．日常生活の様々な場面や状況はその都度違い，求められる言動も違う．その際，うまく状況判断や説明ができない，できづらい子どもがいるということを保育者は理解し，子どもとその家庭のよき理解者，支援者となることが求められる．

2　障がいの特性に対する理解

　ここでは，発達障がいの特性を取り上げる．先に述べたように，発達障がいは先天性の障がいであり，後天性の障がいではない．身体と脳における情報伝達や認識がうまく行われず，場面に応じた適切な行動が取れないまたは取りづらい子どもがいる．こうした子どもは生活をする上でさらに「困りごと」が大きくなり，場合によっては「生きづらさ」へとつながってしまうことを念頭に置く必要がある．発達障がいの特性については，2022（令和4）年3月「アメリカ精神医学会」により発行，2023（令和5）年9月「日本精神神経学会」が日本語版用語監修した「**DSM‒5‒TR精神疾患の分類と診断の手引**」を参照し，要点を述べていく．

1）　自閉スペクトラム症（Autism Spectrum Disorder）

　自閉スペクトラム症の子どもの特性として「対人関係や**コミュニケーション**が苦手」「同じ動きや話を繰り返す」「興味や活動の偏り，こだわりが強い」「**感覚刺激**に対する過敏さ，または鈍感さ」等があげられる．これにより，（1人でそっとしておいてあげればよい）と受け止められることがある．これは，当てはまっている時もあれば，そうではない時もある．必ずしも人とのつながりを求めていない，人とコミュニケーションをとりたくないということだけではないのである．友達から相手にされずに孤立し，コミュニケーションとる相手がいないといった状況は，その子にとって辛

い環境でしかない．友達と一緒に遊びを共有する喜びや楽しさは同じであり，頑張った達成感や充実感を味わうことは非常に大切である．保育者はこれらの重要な視点を踏まえた上で，場面と状況に応じて子ども同士がうまく関わることができるように環境を整え，支援と配慮を行うことが求められる．

２）　注意欠如・多動症（Attention-Deficit/Hyperactivity Disorder）

注意欠如・多動症のある子どもの特性として，「不注意」「多動-衝動性」「不注意と多動-衝動性が共にみられる状態（※どちらかの問題がより多くみられることもある）」があげられる．日常のあらゆる場面で，注意がそれやすい，忘れ物が多い，落ち着いてじっと座ることが難しい，一方的にしゃべりすぎてしまう，順番を待つことが難しいなどの言動が見られる．これらにより，周りの友達や大人を戸惑わせ，わがままな子どもと思われることがある．子ども自身，「我慢しなければならない」「もっと頑張りたい」と思っていても感情のコントロールがうまくいかず，その場にふさわしくない言動が突発的に出てしまうことがある．これに対して，大人が強い言葉で止めるようなことがあると子どもの**誤学習**を招き，反抗的な態度が増えたり人を暴力で従わせようとしたりといった問題行動につながる恐れもある．遊びなどの活動を通して，順番や約束，ルールやマナーを守る，友達の気持ちを考える，思いやるといった習慣を，仲間集団とともに身につけることが大切である．

３）　限局性学習症（Specific Learning Disorder）

限局性学習症の子どもの特性では，**読む**，**書く**，**計算する**といった特定のことのうち，１つ又は複数に渡って学習の困難さが見られる．小学校で学習に本格的に取り組むようになり「困りごと」が明らかとなることも多い．例えば，本が流ちょうに読めない又は読みづらい子どもがいる．一文字ずつは読めても文章として文字がつながると，たどたどしい読み方になってしまう．文字や文章を書くことが苦手な子どももいる．ひらがなで左右が逆になる鏡文字を書く，漢字の偏・旁（へん・つくり）の位置関係が分からなくなるなどである．ただし幼児期のうちは，限局性学習症の子どもに限らず鏡文字などほとんどの子どもが経験することでもある．

算数では，数唱と具体物の数（例えば，おはじきの数）が合っていない，足し算や引き算が難しいなどがある．数字の認識や計算の手続きが理解できていないことが考えられるため，具体物を一緒に指さし，声に出して具体物と数唱を一致させるなどの支援が必要となる．これらは幼児期では見落とされがちだが，何らかの兆しはあると思われる．例えば，読む，書く，計算することを嫌がる，関心を示さないといった様子から，苦手を察するのである．保育者がこれらを扱う活動場面で注意を払い，よく観察することが求められる．

3　医療的ケア児への支援

「医療的ケア」とは，人工呼吸器による呼吸管理，喀痰吸引その他の医療行為をいう（医療的ケア児及びその家族に対する支援に関する法律）．保育者や教員等が研修を受け「認定特定行為業務従事者」として認定されれば，医療的ケアのうち**5つの特定行為**は実施可能となる．5つの特定行為とは，喀痰吸引（口腔内，鼻腔内，気管カニューレ内），経管栄養（胃ろう・腸ろう，経鼻経管栄養）を指す．

第12章　障がいのある子どもおよびその家庭に対する支援と配慮　　95

医療的ケア児への支援では，「医療的ケア児及びその家族に対する支援に関する法律（**医療的ケア児支援法**）」が2021（令和3）年6月18日に公布，同年9月18日に施行された．また，同年に「医療的ケア児保育支援事業【拡充】」が示された．これらにより，全国の自治体では医療的ケア児の受入等に関するガイドラインを策定し，安定・継続した支援体制を構築することが求められており，今後さらに，保育施設での受け入れ体制の整備と拡充が図られることとなる．

子どもが日常生活を送る上で，保護者は心身ともに大きな負担を強いられているケースも多々見られる．子どもの発達を促す場所や機会の保障はもちろんのこと，家庭の負担軽減のためにも地域の保育所等における受け入れは喫緊の課題となっている．また，こうした子どもの中には，身体障がい（手足など身体に不自由さがある）や先天性疾患（染色体や遺伝子等の異変により生じる）などが重複する場合も少なくなく，専門性のある職員の養成についても今後の重要な課題となる．

第2節　障がいのある子どもへの支援

1　構造化と視覚支援

知的障がいや発達障がいのある子どものみならず，障がいのある子ども全般に効果的な支援方法として，**構造化**と**視覚支援**があげられる．構造化とは，子どもが取り組む活動を理解しやすくするため，時間や活動，空間などを分析し，分かりやすくすることである．具体的には，「いつ」「どこで」「何を」「どのようなやり方でやるのか」「どうなれば『終わり』か」「終わった後，次に何をするのか」等を示す．提示する際，文字だけでなくイラストや写真，実物といった視覚情報を活用すれば，より分かりやすく伝えることができる．これらは日頃の活動で誰もが何気なく取り入れているのだが，さらに強く意識し活動場面ごとに構造化して絵カードなどを作成，子ども自身が視覚支援をより意識して行動（確認する，準備する等）できるようになることが大切である．徐々に定着していけば，ルールや約束を守れない，気持ちが不安定になる，忘れ物や紛失物が多い等の問題とされがちな行動は必ず減っていく．それは，今やるべき活動を理解し考えた行動が取れているからであり，まさに発達の証しといえるだろう．保育現場で構造化や視覚支援を行う際，子どもの家庭との連携は欠かせない．どのような支援を行うのか家庭と確認することと併せ，家庭でも同様の支援方法に取り組むことが，より有効となるからである．すでに家庭で使用しているグッズなどがあれば，保育者がそれらを共有させてもらうといった支援も考えられる．いずれにせよ子どもにとって分かりやすい，使いやすいことが最も大切な視点といえよう．

2　バリアフリーの環境を整える

知的障がいや発達障がい，肢体不自由や病弱，聴覚障がいや弱視などの視覚障がいある子どもなど，どの子どもに対しても，学びの環境を整えることは大切である．例えば，車いすや補装具を使用している子どもは，少しの段差でも移動や活動が制限されてしまうかもしれない．その際，段差のない緩やかな傾斜の通路やスロープが必要となる．トイレには，手すりやプライバシーが保てる空間も求められる．このように，建物や設備などのバリア（障壁）を無くすことを**バリアフリー**と

いう．子どもの安全を保障し，安心して活動に参加できることはもちろん，意欲的に活動に取り組める環境を整えるのである．近年，バリアフリーの概念がより進化し，内閣府「政府広報オンライン」では，「物理的なバリア」「制度的なバリア」「文化・情報面でのバリア」「意識上のバリア」と4つのバリアを取り上げているが，さらに「心のバリアフリー」について言及し，「バリアを感じている人の身になって考え，行動を起こすこと」を求めている．

このように，社会全体でバリアフリーの環境整備が求められている現在，保育者は子どもの心身に寄り添い，積極的に友達と関わり学び合えるよう支援し，配慮することが求められる．そしてこれは，2024（令和6）年4月1日施行「改正障害者差別解消法」で示された「合理的配慮の提供」と置き換えることもできる．障がいのある人もない人も，互いにその人らしさを認め合いながら，共に生きる社会（共生社会）の実現を目指していく必要がある．

第3節　障がいのある子どもを育てている家庭への支援

1　障がい受容について

日常的に子どもと生活をともにする保育者は，集団生活での様子やこれまでの経験から子どもの発達の遅れや気になる状況に気づくことが多くある．そのような場合，保育者は医療機関での受診や療育への接続などをなるべく早く行いたいと考えることが多い．しかし，保護者はわが子が集団で生活している様子を見る機会も少なく，また保育者から発達の遅れなどを指摘されてもすぐに受け入れることが難しい状況にあることが多い．このような保護者の「障がい受容」をどのように支えていくかも大切な支援となる．一般的には，障がい受容のプロセスには様々な研究があるが，「親の**障害受容過程**は一様でなく多様であること」（桑田・神尾，2004：275）を前提とし，様々な生活場面やライフイベントごとに行きつ戻りつする保護者の心に寄り添っていくことが大切である．また，第1節で述べたように，障がいには様々な種類がある．一般的に障がいはビジブル（目に見える），インビジブル（目に見えない）な障がいに分けられるといわれており，目に見えない障がいのある子どもは周囲の理解が得られにくく，保護者の受け止めも難しいと考えられる．そのため，保育者は障がいに関する専門的な知識と理解に基づき，保護者に適切に説明できるスキルを身につけ，保護者の気持ちに寄り添いながら，保護者の障がい受容を支援する必要がある．まずは現状を受け入れられないような状況であっても，その「わが子の障がいや病気を受け入れることが難しい」保護者の気持ちに対して，受容的・共感的な姿勢を持ちながら関わることが大切となる．保護者の障がい受容はあきらめでも居直りでもなく，喪失体験を克服し，最終的には障がいをのある子どものありのまま全てを受け入れることであるとして考えていくことが大切である（桑田・神尾，2004）．

保育者は子どもの最善の利益を念頭に置き，保護者の気持ちを受け止め，保護者の気持ちを考えた対応をすることが必要となる．専門機関や当事者の会（障がいのある子どもを育てている親の会など）への接続を進めていく場合は，保護者の気持ちを酌み取りながら慎重に対応することが大切である．また時には，父母の意見が一致しなかったり，夫婦間での意思疎通や合意が難しかったりして保育者がその間に挟まれ苦悩することもあるかもしれない．また，同じ障がいのある子どもや保

第12章　障がいのある子どもおよびその家庭に対する支援と配慮　　*97*

護者の話を紹介し「Aちゃんも実は同じような障がいがあります」と当事者にとってよかれと思って発言したことが，保護者間のトラブルにつながることもある．個人情報の保護や守秘義務について十分に配慮しながら，対応することが求められる．

2　きょうだい児への支援

　障がいのある子どもを育てている家庭への支援では「きょうだい児」への支援も大切である．ここでは障がいのある子どもの兄，弟，姉，妹を全て含めて「きょうだい児」として表現する．2021（令和3）年に内閣府男女共同参画局が公表したデータでは一人っ子の家庭が大きく増加しているが，一方で複数の子どもを同時に育てながら，障がいのある子どもと向き合っている家庭も多くある．重い疾患を抱えているが故に，入退院を繰り返し保護者がその子につきっきりになってしまうことや，自閉スペクトラム症を抱えるきょうだい児が何らかの理由でパニックを起こしてしまったことで，家族での外出の予定変更を余儀なくされることもあるだろう．このように障がいのあるきょうだい児への対応を優先することで，きょうだい児が我慢をしたり，きょうだいが抱える障がいや病気に対して，漫然とした不安を抱えたりしていることもある．もちろん，障がいや病気に対する専門的な説明については主治医等によることが前提ではあるが，きょうだい児が抱える不安な気持ちを受け止めたり，保育所等でのびのびと生活できるように支援したりと保育者がきょうだい児にできる支援は沢山ある．特に疾患や障がいがまだはっきりしない，また診断がついた直後など家庭が混乱期にある場合はきょうだい児への配慮がより必要となる．保護者が大変な状況にあることを読み取り，自身にも不安な気持ちがありながらも甘えたい気持ちを保護者に表すことができなかったり，自身のやりたいことを常に我慢したりしていることもある．もちろん全ての家庭にあてはまるわけではないが，きょうだい児が同じ園に通園している場合は障がいや疾病のある子どもだけでなく，そのきょうだい児に対する支援を行うことが求められる．

3　受容と共感に基づく支援

　障がいや疾病のある子どもを育てる家庭への支援は当事者である子どもだけでなく，保護者への対応やきょうだい児への対応など幅広い対応が必要となる．かつては，周囲の偏見からわが子に障がいがあることを他者に知られたくないと考える保護者もおり，障がいのある子どもを育てる困難さと同時に世間の偏見と向き合う必要もあった．近年では障がいに関する様々な情報がテレビや書籍，インターネット上で発信されるようになり，悩みを抱える当事者同士がつながる機会や，将来の展望をイメージしたりしやすい時代になったといえる．一方で，時には障がいに対する誹謗中傷等が見られるなど，当事者や家族が傷つく事態も起きている．また，障がいや疾病についての誤った対処法や治療法など，根拠に乏しい情報が流れることもある．このような社会状況の中で，保育者は障がいや疾病に対する科学的な根拠に基づいた知識をしっかりと持ち，また医療の進歩や障がいに関する定義の変化を知ることができるように日々研鑽を積むことが求められる．また，単なる知識だけにとらわれず，葛藤する保護者の気持ちを前向きに受け止め，子どもの発達をしっかり見つめ正確に客観的に伝える必要がある．その際，まだ障がいについて受け止めきれない保護者に対

して保育者が詰め寄ったり，批判的に捉えたりせず，受容的な態度を持って保護者の気持ちを受け止めるように心がける必要がある．バイスティックの7原則における「**非審判的態度**」にあるように保育者の価値観だけによって判断するのではなく，保護者の自己決定を促すことができるよう，揺れ動く保護者の気持ちに寄り添い，伴走型の支援を行う必要がある．また経験を積み重ねていく中で同じ様な状況の子どもと出会うこともあるだろう．その際には同じ障がいや疾病を抱える子どもであったとしても，目の前にいる子どもの個性や家庭背景などに基づき，バイスティックの7原則にもある「**個別化の原則**」を今一度思い起こして，子どもや家庭に向き合うことが大切である．

第4節　インクルーシブ保育・教育と機関連携

1　インクルーシブ保育・教育とは

　インクルーシブ保育・教育は地域社会へのインクルージョン（inclusion）「参加・包摂」さらには「共生社会」の実現へとつながる考え方でもある．国は，「全ての国民が障害の有無にかかわらず，互いに人格と個性を尊重しあい，理解しあいながら共に生きていく」社会を共生社会として位置づけており，「障害の有無にかかわらず，こどもたちが様々な遊びなどの機会を通じて共に過ごし，学びあい，成長していくことが重要」としている（こども家庭庁，2024a）．教育の現場においては1947（昭和22）年に盲・聾・養護学校が学校として位置づけられ，さらに保育現場では1974（昭和49）年に「障害児保育事業実施要綱」が策定され，現在のインクルーシブ保育・教育へとつながっている．1994（平成6）年にはユネスコ（UNESCO）を中心として，スペインで開かれた「特別なニーズ教育に関する世界会議」において「サラマンカ宣言」が採択された．「学校は万人のための学校」であり，全ての子どもには教育を受ける権利があり，それを保障することを目指すとした．2006（平成18）年には国連総会で障害者権利条約が採択され，日本においても障害者基本法や障害者差別解消法などが次々と施行されていった．しかしながら養護学校に関する実質的な義務制の実施は1979（昭和54）年からであり，2022（令和4）年に国連の障害者権利委員会より障がいのある子どもが依然として，分離された状況であることについて勧告を受けている状況がある．2023（令和5）年に策定されたこども大綱では「こども基本法に加え，障害者の権利に関する条約の理念を踏まえ，障害のあるこども・若者，発達に特性のあるこども・若者の地域社会への参加・包容（インクルージョン）を推進」するとされており，今後ますますインクルーシブ保育・教育の推進が重要な課題となってくる．また，インクルーシブ保育・教育は特別なニーズを持つ子どもだけを対象にしているのではなく，全ての人々にとってもありのままで過ごしやすい，まさに多様な価値観や文化的な背景，ニーズを持つ人々が「共生」する社会の構築につながる．保育者は幼児教育の実践者として，また特別なニーズを持つ子どもの発達を保障するケアワーカーとして，日々の保育実践が共生社会の実現につながっていることも意識する必要がある．

2　様々な社会資源との連携

1）　乳幼児健診について

　子どもは出生後様々な健診を受けることになる．新生児マススクリーニング検査や3～6か月健診など自治体において任意で実施されるもの，**1歳6か月健診**や**3歳児健診**など母子保健法によって実施が義務づけられた健康診査も存在する（こども家庭庁，2023e）．実施時期は自治体によって差があるが，概ね上記の時期に実施することになっており，乳幼児の身体の発達や栄養状態を調べ，保護者に対しては育児に関する相談を行っている．そうすることで子どもの疾病や発達の遅れがないか，また虐待の傾向が見られないかなどのチェックを行うことができる．発達障がいや知的障がいなど，乳児期には明らかになりにくい障がいもあるが，この乳幼児健診において発達上の課題や遅れを指摘されること，疾病に罹患していることが明らかになる場合もある．保育者は勤務している地域でいつ，どの時期にこれらの健診が実施されているかを理解し，また，子どもが在園中にこの健診等によって発達の遅れを指摘される場合もあることを念頭に置いておく必要がある．その場合は前述のように保護者の「障がい受容」に配慮しながら，保護者を支援していく必要がある．

2）　児童発達支援センターと療育

　乳幼児健診等により，発達の遅れなどが確認された場合に発達支援を行う場の1つとして，児童発達支援センターがある．このほかにも地域における障がいのある子どもや家庭に対する支援をその専門性を活かして行うこととなっている．療育とは「治療」と「教育」が合わさってできた言葉であるとされており，様々な障がいのある子どもに対して行われる支援を指す．児童発達支援センターには，医学的な診断がついた子どもや療育を受けた方が良いと考えられる子どもが通うことになっており，必ずしも医学的な確定診断を受けたり，障害者手帳等を持っていたりする子どもだけが通っているわけではない．このことから，保護者の障がい受容については，個人差があることを踏まえた支援を行う必要がある．

3）　巡回相談，専門機関との連携

　地域における支援の1つとして児童発達支援センターによる「保育所等訪問支援事業」がある．現在保育所，幼稚園，小学校，特別支援学校等を利用している子どもに対して，集団生活の場の様子などを踏まえて，保護者および利用施設の職員へアドバイスを行う事業として位置づけられている．

　専門機関との連携については，医療機関や市町村保健センター，児童発達支援センター，さらには親の会など様々な機関との連携が考えられる．また，母子通園（親子通園と呼ぶ場合もある）を選択する保護者もいる．母子通園とは障がいのある子どもと保護者が一緒に施設に通い，集団での生活，遊びを通じて療育を受けることである．乳幼児健康診査などによって，発達の遅れが指摘されたり，保育園等へ入園した後に集団生活の場で気になる場面が見られたりするなど様々な理由で母子通園を行う親子がいる．母子通園の場では遊びなどを通じて子ども自身の発達を促すことにあわせ，保護者自身の障がい受容を促したり，他の保護者との交流を通じて，わが子の成長に関して先の見通しを持ったりすることも目的としている．一方で，他の子どもと比較することで不安を感じ，心が揺れ動くことを前提に保護者とコミュニケーションを取り，前向きに子育てに取り組んでいくことができるよう支援することも大切である．

3　小学校への接続

　前述の乳幼児健診の他に，場合によっては小学校就学前に就学時健診が行われている．就学相談を受け，普通学級か特別支援学校，また通級による指導か支援学級かを子どもの状況に合わせて保護者が選択することとなる．現在，全国的に通級による指導や支援学級の利用が増加しており（文部科学省，2022），より細やかな支援を行うための環境づくりも1つの課題となっている．このように就学前に保護者はわが子の抱える障がいや疾病と向き合うことが求められる場合もある．さらに就学後もいわゆる「小一の壁」問題と向き合う必要も出てくる．保育者は就学前までの幼児教育，保育を担う大切な役割を担っている．就学後の見通しを持つために，小学校への接続や小学校入学後の子どもの姿をしっかりと理解しながら，子どもや保護者を支えていく必要がある．

（中原大介・矢野川祥典）

第13章

特別な配慮が必要な子どもおよび家庭に対する支援

学びのポイント

　本章では，保育所等におけるアレルギー等の医療的配慮，外国籍等，LGBTQ＋等の特別な配慮が必要な子ども及び家庭に対する支援について学ぶ．また，特別な配慮が必要な子ども・保護者に対する支援は，新しい権利や特権を認めることではなく，子どもの最善の利益保障，家庭のウェルビーイング実現，全ての人の人権保障と多様性尊重を実現する重要な一歩となることも学んでほしい．

事前学習課題：13章の本文を読み，学びのポイントにあるキーワードについて，その言葉の意味を書き出しましょう．

事後学習課題：13章で学んだ内容から，あなたが保育者として何を大切にしたいのか決意表明しましょう．

　　キーワード：医療的配慮，子どもの最善の利益，ウェルビーイング，全ての人の人権保障，多様性尊重，外国にルーツのある子ども，LGBTQ＋

第1節　食物アレルギー等の医療的配慮が必要な子どもと家庭支援

1　食物アレルギーのある子どもと家庭を取り巻く現状と課題

　食物アレルギーがある子どもは増えており，保育所等においても適切な対応が求められている．保育者をはじめ職員全員が**食物アレルギー**について正しく理解する必要がある．

　食物アレルギーとは，「食べたり，さわったり，吸い込んだりした食物に対して，本来は体を守るはずの免疫系が過敏に反応して人体に不利益な症状を引き起こす状態」（成田，2016：174）である．**食物アレルギー**の有病率は乳児で5〜10％程度と最も高く，一般的には年齢が上がると次第に減少し，幼児期では5％前後となり，学童期には1〜3％となる．保育所等では1クラスに1，2人，小学校でも学年に1，2人は**食物アレルギー**の子どもがいることになり，子どもに関する仕事に従事する人なら，どこかで必ず出会う疾患といえる．

　食物アレルギーの症状は多様で，最も一般的なのはじんましんなどの皮膚症状である．その他にも，目のかゆみなどの眼症状，腹痛・下痢などの消化器症状，血圧低下などの循環器症状がみられる．重度化するとアナフィラキシーを引き起こすこともある．日本アレルギー学会は，「アナフィラキシーは重篤な全身性の過敏反応であり，通常は急速に発現し，死に至ることもある．重症のアナフィラキシーは，致死的になり得る気道・呼吸・循環器症状により特徴づけられるが，典型的な

皮膚症状や循環性ショックを伴わない場合もある」としている．特に自ら食品アレルギーに対する管理能力が難しい乳幼児の場合，アナフィラキシーは命に関わる重大な問題である．子どもの食物アレルギーの重症度に応じて注意すべき点は異なる．そのため，保育所等は入園前に保護者と責任者が面談を行い，症状や対応について理解・把握する必要がある．さらに，必要に応じて確認のための文書や医療機関からの診断書を提出してもらうことも重要である．

2　食物アレルギーのある子どもと家庭への支援

　2019（令和元）年に厚生労働省の「**保育所におけるアレルギー対応ガイドライン**」（以下，ガイドライン）が改訂された．ガイドラインは乳幼児期の特性を踏まえた保育所におけるアレルギー疾患を有する子どもへの対応の基本を示すものとして，保育所等において活用されている．保育所等の職員は，下記の示す基本原則に基づいて施設内外の研修に定期的に参加し，最新の情報を入手するなどして知識，技術を高めることが重要である．園内の対応マニュアルを作成し，食事提供や食育活動などの方法について全職員が把握および理解し，定期的な見直しや改善していく取り組みも必要である．

○　全職員を含めた関係者の共通理解の下で，組織的に対応する
　・アレルギー対応委員会等を設け，組織的に対応
　・アレルギー疾患対応のマニュアルの作成と，これに基づいた役割分担
　・記録に基づく取組の充実や緊急時・災害時等様々な状況を想定した対策
○　医師の診断指示に基づき，保護者と連携し，適切に対応する
　・生活管理指導表に基づく対応が必須
　（※）「生活管理指導表」は，保育所におけるアレルギー対応に関する，子どもを中心に据えた，医師と保護者，保育所の重要な"コミュニケーションツール".
○　地域の専門的な支援，関係機関との連携の下で対応の充実を図る
　・自治体支援の下，地域のアレルギー専門医や医療機関，消防機関等との連携
○　食物アレルギー対応においては安全・安心の確保を優先する
　・完全除去対応（提供するか，しないか）
　・家庭で食べたことのない食物は，基本的に保育所では提供しない

（出典）厚生労働省（2019）.

　食物アレルギーの根本的な治療法はアレルギーの原因となる食品を特定し，その摂取を徹底的に制限することである．そのため，食物アレルギーのある子どもを育てる保護者は，家庭での除去食の準備や食材の調達など手間と工夫を要し，時間的ゆとりがない．また，誤食の不安，家族での外食に対する制限，アレルギーがないきょうだいの食事への影響など，心理的な負担も抱えている．

　このように，食物アレルギーはアレルギーのある子どもの身体的，心理的発達にも影響を与えるだけでなく，保護者のストレスも増加させる．保護者は子どものアレルギー症状の好転と悪化の繰り返しにより食事の選択，外部の余暇活動に対する制約や不安，抑うつ等の精神的苦痛など，様々な養育負担を経験することがある．

　保育者にはこのような保護者の不安な気持ちや悩みを受け止め，相談を受けたり，情報を共有し

第13章　特別な配慮が必要な子どもおよび家庭に対する支援　　*103*

たりといった精神的支援が求められる．同時に，関連機関や医療機関と連携し，保護者自らが子どもの食物アレルギーに積極的に対応できるよう，食物アレルギー管理・対応・教育にも力を入れる必要がある．保育所等は，緊急時の職員の役割分担（観察，管理監督，連絡，準備，他児への対応，救急車の誘導など）を決めておくことで適切な対応がスムーズにできる．

3　難病や小児慢性特定疾病のある子どもと家庭を取り巻く現状と課題

　近年，医療の進歩や社会環境の変化に伴い，難病や**小児慢性特定疾病**のある子ども（以下，難病等のある子ども）が保育所等に入園する機会が増えている．今後は2021（令和３）年に施行された**医療的ケア児及びその家族に対する支援に関する法律**（通称：医療的ケア児支援法）の施行や**インクルーシブ保育**の流れを受けて，保育所等への保育ニーズがさらに高まるとことが予想される．

　医療的ケアならびに**医療的ケア児**とは，医療的ケア児支援法第２条で，「この法律において「医療的ケア」とは，人工呼吸器による呼吸管理，喀（かく）痰（たん）吸引その他の医療行為をいう．２この法律において「医療的ケア児」とは，「日常生活及び社会生活を営むために恒常的に医療的ケアを受けることが不可欠である児童（18歳未満の者及び18歳以上の者であって高等学校等（学校教育法（昭和22年法律第26号）に規定する高等学校，中等教育学校の後期課程及び特別支援学校の高等部をいう．次条第３項及び第14条第１項第１号において同じ．）に在籍するものをいう．次条第２項において同じ．）をいう」と定義されている．その家族への支援は，医療，福祉，保健，子育て支援，教育などの多岐にわたる多職種連携が必要不可欠な状況にある．

　また，**小児慢性特定疾病**とは，18歳に満たない子ども（ただし，18歳到達時点において本制度の対象となっており，かつ，18歳到達後も引き続き治療が必要であると認められる場合には，20歳未満の者を含む．）の病気のうち，以下の４つの項目を満たしていると厚生労働大臣が認定した子どもの病気をさす．具体的には，慢性に経過する疾病であること，生命を長期に脅かす疾病であること，症状や治療が長期にわたって生活の質を低下させる疾病であること，長期にわたって高額な医療費の負担が続く疾病であることなどの状態のことである．

　小児慢性特定疾病医療受給者証数は，2020（令和２）年度末時点で12万3693人となっており，国内の全ての当該年齢人口の0.6％，およそ160人に１人の割合となっている．主病の診断を受けた年齢は「出生前」「０歳」が半数を占めており，３人に２人が６歳までに診断を受けている．小児慢性特定疾病には，染色体異常の一種であるダウン症候群や慢性心疾患，悪性新生物（小児がん）などがあり，保育所等でも集団保育が可能な病状であることや看護職の配置，緊急時の対応などの受け入れ態勢を整備し，確認したのち受け入れている．特にクラスの保育においては，一人ひとりの個性を尊重し，**子どもの最善の利益**を考慮することが重要である．難病等のある子どもが活動に参加することを目的にするのではなく，例えば言語的なコミュニケーションが難しくても他児とともに環境や時間を共有し，生活をともにすることで，刺激となり，子どもの心が躍動することにもつながる．

104 第Ⅱ部　子育て支援とその実際

4　難病等のある子どもと家庭への支援

　難病等のある子どもを育てる保護者の悩みには多くのことが想像できる．「子どもの病気の悪化への不安」「子どもの成長・発育への不安」といった病気のある子どもの健康状態への悩みがあげられ，次いで「保護者の就労や働き方の悩み」「家庭の経済的な不安」といった経済的な悩み，「きょうだい児への不安」と多岐にわたる（厚生労働省：2022a：5）．保育者として，このような保護者の精神的な負担や疲労を理解し，必要に応じて関係機関などと連携する必要がある．

　この他，就学前の幼児期は，生活や遊びを通した身体的・社会的・精神的に著しい発育・発達が見られる時期である．難病等のある子どもには，特に生命の保持とこの時期に適切な子育て支援や療育のサポートを受けられるように保育者が保護者，保育所等の看護職，主治医と連携することは，その後の子どもの成長において重要である．子どもが安全・安心できる園生活を送るために，保育者は一人ひとりの状態に合わせた日常生活の留意点を把握し，関係者と連携をとりながら対応していく必要がある．

第 2 節　外国にルーツのある子どもと家庭支援

1　外国にルーツのある子どもと家庭を取り巻く現状と課題

　厚生労働省の調査によると，2023（令和 5）年10月現在における日本で働く外国人は初めて200万人を超え，過去最多となった．日本で働く外国人の増加に伴って，保育現場にも**外国にルーツのある子ども**の入所が増えている（藤後他，2024：5）．厚生労働省の委託調査である三菱 UFJ リサーチ＆コンサルティング（2021）による保育所・こども園を対象とした全国調査では，回答のあった約 7 割の自治体が外国にルーツのある子どもを受け入れていることが明らかになっている（図13-1）．この調査からも，保育者にとって，**外国にルーツのある子ども**が身近な存在になってきていることが分かる．

　また，同調査によると，保育所等に通う外国籍の子どものルーツとして最も多いのは，中国（54.2%）であり，フィリピン（25.6%），ベトナム（19.4%），韓国（15.3%），ブラジル（13.3%），アメリカ（10.0%），ネパール（8.8%）の国籍が続いている（**図13-2**）．

　日本で暮らしている子育て中の外国籍家庭は様々である．例えば，保護者も子どもも外国籍である家庭，保護者は外国籍であるが子どもは日本国籍をもつ家庭，保護者も子どもも日本国籍であるが，日本語を母語としない家庭等である（亀崎，2021：78）．よって，最近では，**外国にルーツのある子ども・家庭**と総称されることがある．

　また，子育てに関わる主たる養育者が誰であるのか，どの程度日本語を話せるのか，日本社会・日本文化について理解しているか，そして支援する親族や地域のつながりの有無によって，子育ての負担や大変さは大きく違ってくる．

　保育者は子どもと家庭がどのようなバックグラウンドをもち，どのような環境の中で生活しているかを理解することが重要である．品川（2022：65）は，「保育所では外国人児童が望ましい園生活をおくれるよう，現在でも様々な工夫や配慮をしながら保育にあたっている．しかし，園や保育

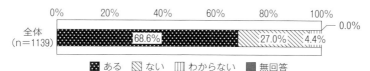

図13-1　Q2　外国にルーツのある子どもが入園している保育所等の有無（あてはまるもの1つ）

（出典）三菱UFJリサーチ&コンサルティング（2021：7）．

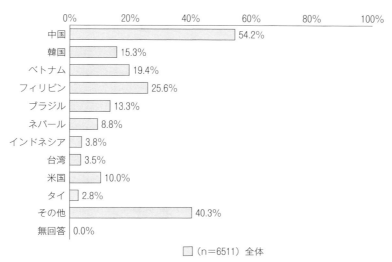

図13-2　Q7　ルーツがあると思われる国籍（あてはまるものすべて）

（出典）三菱UFJリサーチ&コンサルティング（2021：21）．

士の自己努力ですべてを行うには限界がある．外国人保育のガイドラインを定めることやそれを支える事業など，国レベルでの検討が求められる」と指摘している．実際に，保育所等では「スマートフォンで翻訳アプリ」の利用や通常の保育の中で「わかりやすい日本語やイラスト，ジェスチャー等の使用」など，試行錯誤しながら対応しているのが現状である．

2　外国にルーツのある子どもへの支援

外国にルーツのある子どもと家庭への支援としては，コミュニケーションに対する支援，生活習慣や文化に配慮した支援（亀崎，2021：79；品川，2022：64）が考えられる．日本での生活に多大な影響を与える日本語指導は重要であるが，それに加えて母語の習得支援も同時に大切である．子どもは保育所等で日々の生活を通して日本語に触れることで，習得する機会が多い．場合によっては，保護者よりも早く日本語を習得することもある．そのため，保護者の中には将来は母国での生活を考えている場合もあり，子どもが母語を維持できず親子のコミュニケーションが難しくなることも懸念されている．

生活習慣や宗教，文化に配慮した支援においては，食事，服装・着替え，スキンシップなどについて入園前に確認し，他の保育者や園児に理解を促すことも必要である．また，生活習慣や文化を踏まえて，日本では当たり前と考えられている保育内容や行事などを見直すことが必要である．例

106 第Ⅱ部 子育て支援とその実際

えば，遠足の際の持ち物の弁当は，国によってそのような文化がなく戸惑うことも考えられる．

　外国にルーツのある子どもの増加は，日本の子どもにとっても多様な文化や価値観に触れる貴重な機会となる．多様性の尊重の時代と言われている今日，保育者には外国にルーツのある子どもが有する生活習慣や文化を保育活動に活かし，子どもたちが異なる他者と価値観の違いを認め，ともに生きる力を育むことが求められる．

3　外国にルーツのある家庭への支援

　外国にルーツのある保護者への支援としては日本の文化や保護者が理解しやすいコミュニケーションでの伝達，子育てを含め，生活に必要な情報提供に関する支援などがある．保育所等においては外国にルーツのある保護者との円満な意思疎通を図るために，翻訳アプリの活用，連絡帳やお便り作成時は理解しやすいように絵などを使用したり，わかりやすい日本語やイラスト，ジェスチャーなどを用いたり，自治体の通訳者派遣制度を利用したりするなど様々な工夫がなされている．また，保育に関する認識の違いなどへの配慮や入園手続に必要な資料の翻訳，日々の保育で必要な資料の翻訳，生活習慣や文化を考慮した配慮も行われている．

●事例13-1　七夕行事で伝統衣装の着用を希望する保護者

> 　保育園で，七夕行事の数日前に，保護者に「当日の持ち物・服装のお知らせ」を配布した．お知らせ配布の翌日，韓国籍の両親のもとで生活するKちゃん（5歳）の母親から，「Kちゃんに浴衣ではなく，思い出を作りたいので韓国の伝統衣装を着させて参加してもいいですか」と質問された．担任のS先生は「大丈夫です」と返事した．七夕行事の日を迎え，Kちゃんがクラスの子どもたちと園庭での踊りが始まった．行事に参加した保護者たちから，「Kちゃん，かわいい，素敵！」と声があがる．すると，「登園時から普段より元気がないKちゃんは泣き出しはじめ，S先生の後ろに隠れて動こうとしない……そんなKちゃんの様子をみた母親は行事が終わった後「私のせいでKちゃんに悲しい思いをさせました」と嘆いていた．S先生は複雑な気持ちになった．

　事例のようにKちゃんの母親の要望に対するS保育者の対応は，子どもの権利条約第30条で定める少数民族の子どもの民族の文化をもつ権利の保障であり，適切な対応だといえる．しかし，子どもの気持ちよりも保護者の気持ちをより尊重した対応となった．文化的，言語的状況の中で生活している**外国にルーツのある子ども**の家庭支援においては，保護者に焦点を当てると同時に，子どもの発達段階の特性を理解することが重要である．保育者は，言葉で表明される意見（opinion）よりも，子どもの**心に描く思い・考え**（views）を，尊重して対応することが必要であることを忘れてはならない．

　さらに，保育者は，その場その場で，即時的に対応が必要となるため，保育所等に受け入れる準備や担任としてクラスに受け入れる準備として，それぞれの背景を理解しておくことが望ましい．例えば，子どもがどこで生まれたか，来日前の状況，日本での就学の予定，家族の状況と支援体制，日本語の習得状況，宗教や生活習慣，食事など配慮が求められる事柄などその家庭の個別状況と子どものルーツのある国の文化や習慣について理解することである．

第13章　特別な配慮が必要な子どもおよび家庭に対する支援　　*107*

第3節　LGBTQ＋家庭の子どもと家庭支援

1　LGBTQ＋家庭の子どもと家庭を取り巻く現状と課題

　LGBTQ＋とは，セクシャルマイノリティの人々を称する言葉である．レズビアン（女性の同性愛者），ゲイ（男性の同性愛者），バイセクシュアル（両性愛者），トランスジェンダー（身体の性と心の性が不一致），クエスチョニング（自分の性別が分からない，決めていない人）のそれぞれの頭文字を記した言葉である．近年では性のあり方の多様性そのものを示すために，LGBTQ＋という表現が選ばれることも増えつつある（森山，2024：83）．

　2023（令和5）年6月23日に性的指向及びジェンダーアイデンティティの多様性に関する国民の理解の増進に関する法律（以下，LGBT理解増進法）が公布・施行されている．同法（第1条）には，「性的指向及びジェンダーアイデンティティの多様性に関する国民の理解が必ずしも十分でない現状に鑑み，性的指向及びジェンダーアイデンティティの多様性に関する国民の理解の増進に関する施策の推進に関し，基本理念を定め，並びに国及び地方公共団体の役割等を明らかにするとともに，基本計画の策定その他の必要な事項を定めることにより，性的指向及びジェンダーアイデンティティの多様性を受け入れる精神を涵養し，もって性的指向及びジェンダーアイデンティティの多様性に寛容な社会の実現に資することを目的とする」と明記されている．主な内容は，性的指向・ジェンダーアイデンティティの多様性を受け入れる社会の実現を目指して，LGBTQ＋に関する基礎知識を人々に広げるために政府，都道府県，学校，事業者などに役割を定めている．この中には保育所等が含まれていると捉えることができる．

　LGBT理解増進法の施行をきっかけに，LGBTQ＋家庭の子どもと家庭に対する公的な福祉サービス，教育，社会保障に関する法・制度整備と支援策や実践方法についても子ども家庭支援において本格的に考えるべき課題の1つとなった．

2　LGBTQ＋家庭の子どもへの支援

　保育者は，保育活動の中で「男の子」「女の子」と無意識に分けたり，備品や玩具などを性別で区別をしたり，劇遊び・造形活動に使う衣装や素材の色を男女別に用意するなどのジェンダーバイアスに留意する必要がある．実際の保育現場では，まずその第一歩として，「幼児期から自己の性をどのように肯定的に受け容れていくのかを保育実践の問題意識としてもつことが必要」（浅井，2003：136）と述べられており，これまであたり前のように「男の子は青い色，女の子はピンク色」といったイメージや「ヒーローごっこは男の子の遊び，ままごとは女の子の遊び」などと決めつけることなく，個人の遊びの主体性や自己選択，自己決定を大事にしていくことが重要である．ジェンダー平等保育の具体的な方法として浅井は，「ままごと」や「ごっこ遊び」の役割交換に意識的に挑戦することや，体力的な差が少ない年齢であることを考慮し，「一緒に楽しむ共生力をはぐくむ」（浅井，2003：142）ことを提案している．このように戸籍上の性差にとらわれることなく子どもの興味・関心を尊重し，子ども自身の自分らしさや選択を否定せず，保育をしていくことが重要

である．こうした保育への意識や言葉がけへの配慮は，LGBTQ＋の子どものみならず，他の園児の思いやりや違いを受け容れ，豊かな感性を育てる上でも意義がある．

3　LGBTQ＋の家庭への支援

　LGBTQ＋の家庭の支援にあたる保育者に求められる姿勢としては，多様な家族のあり方を理解し，子どもと保護者に寄り添うことが大切である．結婚に対する価値観も多様化し，諸外国では婚外子の割合が増加傾向にある．新たな家族の"カタチ"として，養子縁組，代理母出産，ステップ・ファミリー，LGBTQ＋の当事者が養育者として子どもを育てている場合など考えられ，保育所等に入園するケースもある．

　保育者がジェンダーバイアスを意識することはLGBTQ＋家庭の子ども支援にも活かされる基本的態度と姿勢である．そして，LGBTQ＋家庭の子どもの中には自分の親や家庭が周囲とは異なることに対して，疑問や不安を抱きながら保育所等生活を送っていることも推測される．保育者は，子どもの様子から必要に応じて保護者と協力して支援内容をともに考え，実践していくことが求められる．並行して園全体の取り組みとしては，全ての園児・保護者を対象にジェンダーについて学ぶ機会を設けることも重要である．

　本章では，アレルギー等の医療的配慮，外国籍，LGBTQ＋等の特別な配慮が必要な子どもと家庭支援について理解を深めてきた．時代や社会の変化にともない，特別な配慮，個別の配慮が必要な子どもや家庭に対する法制度が整備され，保育所等では具体的な対応方策やこれまでの保育からの転換が求められている．同時に，特別な配慮が必要な子どもや家庭を取り巻く問題は年々複雑になってきており，保育所等だけでは解決困難な問題や課題が多くある．保育者は，各家族の個別性を踏まえ子どもと家庭の身近な存在として，地域にどのような機関があり，どのような機能や役割があるのか，理解する必要がある．また，地域の社会資源を有効に活用し，自治体をはじめとする関係機関や関係職種と連携・協働することがより一層求められている．

（金　　仙玉）

第14章

子ども虐待に対する適切な予防と対応

> **学びのポイント**
>
> 本章では，子ども虐待についての基本的な理解を確認したうえで，子どもを守り，子どもの最善の利益を第一に考えながら，保育者に時には対立的な態度を示すこともある保護者への対応，支援のあり方を事例やワークを通して学ぶ．
>
> 事前学習課題：14章の本文を読み，学びのポイントにあるキーワードについて，その言葉の意味を書き出しましょう．
>
> 事後学習課題：14章で学んだ内容から，あなたが保育者として何を大切にしたいのか決意表明しましょう．
>
> キーワード：マルトリートメント，虐待通告，しつけ，体罰禁止，愛着障害

第1節　子ども虐待とは

1　子ども虐待とマルトリートメント

　子ども虐待の事件がニュース報道で大きく取り上げられるたび，ショッキングな内容から，とんでもない，考えられないことだと自分とは遠い出来事のように感じる人もいるだろう．しかし，誰にでも起こりうる子育ての問題だと感じている保護者は決して少なくない．

　子ども虐待（「児童虐待」と同じ言葉として用いる）は，子どもを守り育てるべき保護者等の養育者による子どもへの暴力であり，子どもの権利の重大な侵害に当たる．**児童虐待の防止等に関する法律**（児童虐待防止法）に，その定義が規定されており，**身体的虐待，性的虐待，ネグレクト，心理的虐待**の4つの種類に分類される（表14−1）．

　実際は，複数の種類の虐待が重なって発生することも多い．また，子どもの死亡やトラウマにつながる最重度，重度のケースから中・軽度，グレーゾーンのケースまで，虐待の程度や実態には大きな差，違いがある（図14−1）．最近では，アメリカ等で1980年代以降広まった，子どもの健全な成長・発達を妨げる子育て問題全てを含んだ広い概念である「**マルトリートメント（不適切な養育）**」という言葉を使う支援現場もある．

　家庭内での親密な関係，愛着関係の中で起こる子ども虐待は，子どもの人格形成や発達過程，脳に悪影響（友田，2017）をもたらす．虐待を受けた期間，子どもの年齢，性格等により異なるが，① 外傷や身体的発育の阻害（栄養障害，低身長，小柄な体格等），② 知的発達の阻害，③ 情緒的な問

表14-1 子ども虐待の種類

身体的虐待	殴る,叩く,蹴る,やけどを負わせる,首をしめる,など,身体に外傷が生じ,又は生じるおそれのある暴行を加えること
性的虐待	性的行為,性関係の強要,性的な刺激を与える,ポルノグラフィの被写体にする など
ネグレクト	適切な衣食住の世話をしない,学校に行かせない,疾病やケガがあるのに医者に診せないなど養育を拒否する,子どもの放置 など
心理的虐待	子どもへの著しい暴言,子どもの存在の無視・軽視,きょうだい間の差別,子どものいる場で家族に対して暴力をふるう(面前DV) など

(出典)筆者作成.

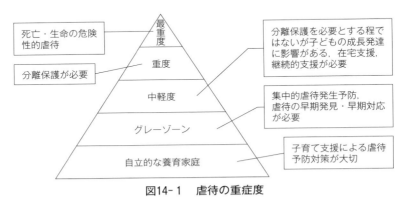

図14-1 虐待の重症度

(出典)筆者作成.

題(愛着形成が困難,対人関係の問題を抱えやすい,低い自己肯定感,攻撃的・衝動的等)が生じる(西澤,1994).保護者に加害の意図があってもなくても,子どもの心身に有害な影響を与える行為は虐待であり,しつけに際して**体罰禁止**であると児童虐待防止法に明記されている.

2 子ども虐待の現状と背景

2022(令和4)年度中の全国の児童相談所における虐待相談対応件数は,21万9170件(速報値)で,1990(平成2)年の統計開始以来,過去最多となった(こども家庭庁,2023a).家庭という密室の中で起こる虐待はそもそも発見されにくいものである.保護者,子ども自身も虐待を隠す,否定する,認識がないこともあり,実数は,さらに多いと推測される.

件数増加の理由として,子ども虐待が広く一般に認識されるようになったこと,全国共通の**児童相談所通告ダイヤル189**の通告システムや各自治体に**要保護児童対策地域協議会**が設置され,関係機関・施設の情報共有,**虐待通告**が促進されたことがあげられる.近年は,警察からの**面前DV**に伴う虐待通告が急増し,虐待相談件数の中で,心理的虐待の割合が59.1%と最も高くなっている(こども家庭庁,2023a).

また,虐待増加の背景としては,子育て環境,地域社会の変化や共働き世帯の増加,貧困・格差

---

1)国の記入要領に従っていない,虐待相談件数の集計方法が異なる自治体があることがわかり,2022年度の児童相談所における児童虐待相談件数の見直しが図られる予定である(こども家庭庁2024「令和4年度福祉行政報告例の適切な報告等について(依頼)」(こ支虐第23号,政統総発0126第3号).

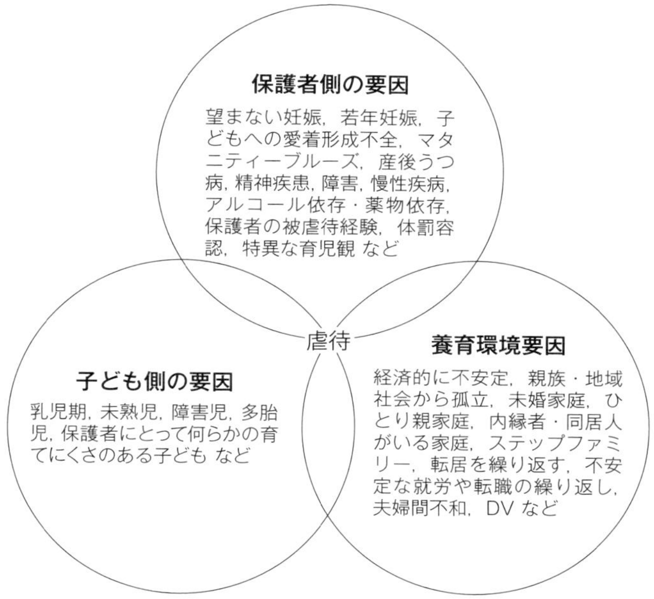

第14章　子ども虐待に対する適切な予防と対応　*111*

保護者側の要因
望まない妊娠，若年妊娠，子どもへの愛着形成不全，マタニティーブルーズ，産後うつ病，精神疾患，障害，慢性疾病，アルコール依存・薬物依存，保護者の被虐待経験，体罰容認，特異な育児観 など

虐待

子ども側の要因
乳児期，未熟児，障害児，多胎児，保護者にとって何らかの育てにくさのある子ども など

養育環境要因
経済的に不安定，親族・地域社会から孤立，未婚家庭，ひとり親家庭，内縁者・同居人がいる家庭，ステップファミリー，転居を繰り返す，不安定な就労や転職の繰り返し，夫婦間不和，DV など

図14-2　子ども虐待のリスク要因

（出典）こども家庭庁支援局虐待防止対策課(2024：29，表2-1)を参考に筆者作成.

の拡がりにより子育て家庭の養育負担が重くなっていることが考えられる．虐待に至る恐れのある**リスク要因**として，保護者側の要因，子ども側の要因，養育環境要因その他に整理され，諸要因が重なると起こりやすくなるとされている（**図14-2**）．

第2節　虐待対応における保育所等の役割と課題

1　虐待対応の流れと重症度・緊急度判断

　虐待の発見経路としては，現在，警察が最も多く，他に学校や病院，近隣住民・知人，家族，虐待者本人等があり，数は少ないが被害児童本人が相談することもある．児童相談所，市区町村は，通告を受けて48時間以内に子どもの安全と家庭および周辺の養育環境を確認し，社会的・心理的・医学的な観点から重症度，緊急度を判断する．その結果，①子どもを家庭から分離し，一時保護や施設・里親等を利用しながら養育改善，家庭復帰を目指す，②子どもを在宅のまま，要保護児童対策地域協議会で各関係機関や施設が連携する等，地域で支援を行う，の大きく2つの対応方針に分かれる．

2　保育所等，保育者に期待される役割

　児童相談所における虐待相談の被害児童で最も多いのは3歳であり，乳幼児の年齢層が全体の約4割を占める（厚生労働省，2024b）．また，心中を除く児童虐待死亡事例のうち0歳児が48.0％で最も多く，3歳未満は62.0％と，乳幼児に対する虐待は，死亡，重症の危険性が高い（こども家庭審議会児童虐待防止対策部会児童虐待等要保護事例の検証に関する専門委員会，2023）．

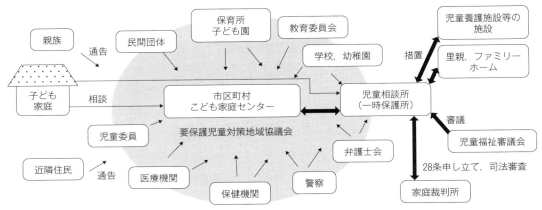

図14-3　市区町村を中心とする地域支援ネットワーク

(出典) 筆者作成.

　親子関係の基盤である乳幼児期の親子を支える保育者は，虐待対応において重要な役割を担う(表14-2)．そして，保育者は，子どもや保護者に日常的に接するため，子どもや家庭の異変，問題にいち早く気づくことができる専門職として期待される．通告へのためらいや多機関連携に課題があると重大な事態を招くという問題意識をもちたい．

表14-2　保育者の虐待対応における役割

虐待の早期発見に努める．
虐待が疑われる子どもを児童相談所，市区町村へ通告する義務がある．
要保護児童対策地域協議会（必要に応じて実務者会議，ケース検討会議）に参画し，多機関連携する．
既に虐待が発覚している，あるいは要支援家庭に対して，入所を受け入れ，子ども，家庭の様子・状況の日常的な見守り，モニタリングを行い，関係機関に情報提供する．
虐待，不適切な養育を行う保護者に対して，養育が改善するよう適切な方法を伝え，支援する．
保護者全体に対して乳幼児の適切な理解と養育方法を伝える．孤立した子育てを防ぐ予防的支援を行う．

(出典) 筆者作成.

第3節　保育現場における虐待の早期発見と早期対応

1　虐待を疑う目

　虐待かどうか見極めることは決して簡単ではない．手遅れとならないよう，虐待の疑いの段階で通告が必要だが，知識がなければ疑う目をもつこともできず，誤った対応をしかねない．

●事例14-1　「お父さんに言うよ」①

　5歳の男児Aくん．父母の関係が悪く，離婚は成立していないが半年ほど前から母親が別居しているとみられ，父親が保育園の送迎をしている．Aくんは2歳入園時に，やや発達が遅れていたが，現在，遅れはみられない．
　最近は，他児にすぐに手が出る，自分の意思が通らない時に暴れる，苛立つ，「死ね」「バカ」といった暴言がある．お迎えの時間が近づくと「家に帰らんでもいい」と言うことがある．担任は，父親の言

うことをAくんがよく聞くため,「お父さんに言うよ」「お父さんがダメと言っていたよ」と,父親のことを話題にして,言い聞かせようと試みている.

事例14-1は,身体的虐待および心理的虐待の事例である.保育者は,虐待の疑いの目を持たず,父親を引き合いに出してAくんの問題行動を抑えようとさえしている.特に,中度・軽度の虐待や性的虐待,心理的虐待など,目で見ただけでは虐待の確証を得ることが難しい虐待は多い.子どもや保護者の言動,表情,家庭の変化から,虐待のサインを読み取ることが必要である.なお,多動をはじめとして,被虐待児の表す**愛着障害**等の特徴と発達障がい児の表す特徴が似ている,あるいは重なる部分もあるので,注意したい.

表14-3　主な虐待のサイン（子どもの様子から）

服装や身体が不衛生,不自然なケガやあざがある,ケガやあざが繰り返される,虫歯の放置,理由不明の欠席が続く,過食,暴言を吐く,物に当たる・壊す,人に対する攻撃的な言動,うつろな表情,パニックや怒りの表出,赤ちゃん返り,身体や知的発達の遅れ,保育者を独占したがる,過度に甘える,何事も自信がない,活動に参加したがらない,落ち着きがない,帰宅を嫌がる,性的な行動　他

（出典）倉石（2018）を参考に筆者作成.

2　虐待通告と園内連携，多機関連携

●事例14-1　「お父さんに言うよ」②

Aくんの問題行動はその後,収まるどころかますます荒れていた.特に,担任に対して悪態をつくことが多く,担任は困り果て,主任に相談した.ある日,主任は他児がいない部屋で,かんしゃくを起こしたAくんの気持ちをゆっくり聴いて落ち着かせた.
　それから毎日,短時間ではあるが一対一の時間をとるようにしたところ,Aくんは「ぼくのせいでお母さんが帰ってこない」「ぼくがちゃんとしないからお父さんに叩かれる」と主任に打ち明けてきた.主任は「Aくんは悪くないんだよ」と伝え,どこを叩かれるのか,とAくんに聞き,背中にうっすらとひっかいたような痕を発見した.主任は園長に相談し,市に通告することにした.

保育現場から行う虐待通告の流れは,**図14-4**の通りである.虐待を発見するには,日頃から子どもや保護者に積極的に関わることでの情報収集と観察力が求められる.気になる子どもや保護者に関する記録をとり,すぐに消える傷痕もあるので証拠となる写真も記録に残す.虐待通告に際しては,職員全員が持っている情報や認識が違うこともあり,見落としを防ぐため,虐待評価チェックリストやアセスメントシートを活用し,情報の整理,アセスメント（事前評価）を行う.そして,緊急性が高いと思われる場合は児童相談所,緊急性が低い,判断がつきかねる場合は市区町村の児童虐待対応担当課に通告を行う.

●事例14-1　「お父さんに言うよ」③

通告を受けた市の相談員は,園の状況確認,家庭の調査を行い,父親に連絡をとり,面談を行った.その中で,父親はAくんが聞き分けのない時に,感情的になり怒鳴ったり手をあげたりしていたが,

毎日でなく，強くしていないから問題ないと思っていたと話した．
　相談員から，毎日でなくても弱い力でもひどい言葉でも暴力であり，そのためAくんに心配な行動が出ていると指摘し，体罰は法律で禁止されており効果もないことを伝えた．父親はAくんに何か障がいがあるのではないかと疑っていて，自分が原因でAくんが不安定になっていると聞いて驚いた．これからは気をつけたいと応えた．相談員は，今後は，祖母の助けを借りることや，しつけの仕方，発達について園に相談することを勧めた．

　事例14-1では，主任が担任のサポートを行い，子どもとの信頼関係を土台に，虐待が疑われる話が出て通告に至っている．この事例では，父親も体罰の事実をすんなり認めているが，明らかに外傷があっても，いつどこでできたのか不明なことも多く，保護者にたずねても説明が二転三転する，ごまかす，子ども自身も説明できない，虐待を否定する，嘘を言うこともある．複数の保育者による事実の確認が重要であり，普段からの職員連携体制が問われる．

　また，この事例では，外部機関と連携し，保護者へ事情を聴き取り，注意・指導する役割を市が担い，保育者は子どものケアと日常的に保護者の相談にのるという役割分担がなされている．虐待対応は1人の保育者，1つの園だけでは対応できない．各関係機関・施設それぞれの特性，機能を生かし，連携して支援にあたるのが基本である．

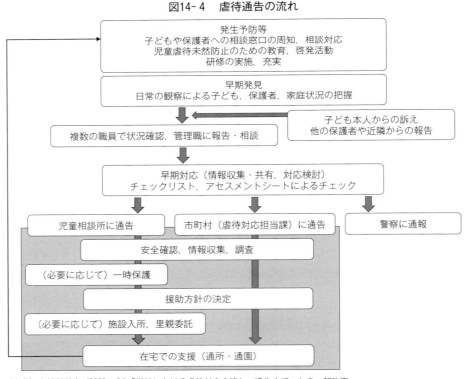

図14-4　虐待通告の流れ

（出典）文部科学省（2020：9）「学校における虐待対応の流れ〜通告まで〜」を一部改変．

第14章　子ども虐待に対する適切な予防と対応　**115**

ミニワーク14-1

　体罰を認めた**事例14-1**の保護者との面談を想定し，しつけを名目とした体罰の禁止についての説明や，適切なしつけの仕方をどのように伝えるか，保育者役と保護者役に分かれてロールプレイをしてみよう．

第4節　虐待予防と継続的な支援

1　虐待を受けた子どもへの支援

　虐待を受けた子どもは，保護者と愛着関係をうまく築けなかった愛着障害の子どもも含まれ，攻撃的であったり，他者との適度な距離感がもちにくかったり，心を閉ざし，働きかけに対する反応が薄かったりと，周囲の大人や子どもと良好な関係をもつことが難しい傾向がある．保育者は，焦らず子どもとの信頼関係をつくることを心掛けたい．

　保護者との愛着形成の問題がある場合は，特定の保育者がキーパーソンになり，子どもにとって守ってくれる「**安全基地**」，ほっとできる「**安心基地**」，ネガティブな感情を報告でき新たな活動と意欲を取り戻す「**探索基地**」の存在を目指す（米澤，2019）．**事例14-1**の主任のように，担任ではなく他の保育者が適切な場合もある．なお，子どもに何らかの問題行動が見られる場合，保育者は注意しがちになるが，愛情欲求としてアピールの意味があること，叱り方によっては，虐待者を思い起こさせ**フラッシュバック**，**解離**等の症状が出る子どももいること，子どもの自己防衛でより強い反発を招くこと，に留意する．

　また，被虐待児は自分が悪いから暴力を振るわれると思っていることも多く，自己肯定感が低い．「あなたは悪くない」というメッセージを伝えることが大切であるが，「あなたはすごい」等と被虐待児を不用意に褒めるとパニックになったり，怒ったりする場合がある．その子らしくリラックスして過ごせる時間や空間の確保，子どもが得意なことを一緒に探して自信を持たせる対応，他児とのトラブルへの介入が，保育現場では特に求められる．**複雑性 PTSD**（**心的外傷後ストレス障害**）の症状がある場合など，児童相談所や児童精神科医療による専門的治療，支援はもちろん必要だが，保育者が行う日常的な支援の意味は大きい．

2　保護者への対応と支援

●事例14-2　登園しない母子

　引っ越し，転園してきたBちゃん（4歳），Cちゃん（2歳）のきょうだい．父母は離婚し母子家庭である．路上で子どもたち2人だけでいるところをたびたび発見され，要支援家庭だという他市からの連絡があり，市の相談員，保健師，園が話し合い，入園手続きが急がれた経緯がある．入園後しばらくは2人共に順調に通っていたが，保育園を無断で休む日が続いた．

　保育者は，市に報告・相談したうえで家庭訪問を行った．インターホンや電話を何回鳴らしても出てこず，あきらめかけたところ，ようやく母親が応じ，体調が悪いので帰ってほしいと言う．保育者は子どもたちに会わせてほしいと粘り強く頼み，中に入ることが許された．子どもたちは元気で食事はとっている様子だったが，家の中はゴミが散乱し荒れた状態である．母親は家に来てもらうのは迷惑だと不

満を訴えたものの，翌日から園に通わせると約束してくれた．

　事例14-2は，ネグレクト事例である．この事例に限らず，入園間もない時などは，どんな保護者かわからないことも多いが，関係機関からの情報提供がある場合は参考にし，家庭背景，保護者像を推測しながら，まず信頼関係の構築を目指し，十分な接触を試みる．ただ，虐待に陥っている保護者は，様々な困難を抱え，保護者自身が子ども時代に虐待された経験をもっていることもあるため（図14-2 保護者側の要因参照），関係がもちにくいことも多い．保護者の困り感や関心事を聴きだし，共感を示し，保育者が力になれること，なりたいことを示す．

　時には，保育者は子どもの**最善の利益**を考え，子どもの気持ちを**代弁**する．虐待はいけないことだと保護者に毅然とした態度で示す必要がある．ただ，保護者の抵抗や反発が大きい場合，暴力に訴え出そうな場合，保護者に障がいや精神疾患等があり特別な配慮が必要な場合は，行政権限のある児童相談所や市区町村に保護者への注意喚起・警告について任せた方がよいことが多い．保育者と保護者とが対立関係になると，保護者が子どもを園に通わせなくなったり，口をきかなくなったりして，子どもの日々の様子が把握しにくくなることがあるため慎重に対応する．**事例14-2**でも，保護者が保育者の訪問を嫌がり緊張が高まる場面があるが，保育者がうまく対応して子どもの安全確認ができている．

ミニワーク14-2

　事例14-2家庭訪問時のインターホンごしの保育者の発言を想像し，①②それぞれの伝え方の効果を考えてみよう．
①　お母さん，ドアを開けてくれませんか．私たち，このままじゃ帰れません．お子さんたちに会えないと市役所に報告しないといけないんです．
②　お母さん，心配していたんですよ．Bちゃん，Cちゃん，お母さん，みなさんお元気でしたか？少しでいいので，できれば直接，お顔を見せていただけませんか．

　虐待対応においては，クレームを言われる等，保護者からの攻撃的な言動に保育者がさらされること，家庭環境の改善には長期間かかる，あるいは解決の見通しが立ちにくいことがある．そのため，保育者が無力感を感じてやる気を失う，保護者や子どもを避ける，といった**バーンアウト（燃え尽き症候群）**の危険がある．その予防としては，複数の保育者で対応し，お互いが支え合うこと，保育者自身が他機関からの支援を受けることが大切である．

　また，虐待対応は予防（未然予防，再発予防）が肝心である．3歳児を育てる約7割の保護者が体罰，暴言，ネグレクト等によらない子育てをしているというデータがあるが（健やか親子21，2021），残り約3割もの保護者は体罰等をしていることが示唆される．乳幼児期は，保護者の養育負担感が最も大きい時期であり，子育て支援において虐待予防の観点が外せない．

第14章　子ども虐待に対する適切な予防と対応　　*117*

●事例14-3　園庭開放事業に通ってくる母子

　地域子育て支援として園が行っている園庭開放にDちゃん（2歳）と母親はよく遊びにやってくる．母親はいつも，「これは○○というのよ」「こうしなさい」とDちゃんが遊ぶ場面ごとに口を出し，Dちゃんが玩具に手を伸ばす前に手出しし，子どもが思い通りに動かずイライラした様子を見せている．

　ある日，保育者が，お家でどのように過ごしているのか母親にたずねると，母親は，実は1歳半健診で発達の遅れを指摘されたが，療育施設に通うことに抵抗がある，保健師には療育のことを聞かれるから相談したくない，しんどい，どうしたらいいんだろう，この間，子どもの頭を叩いてしまった，と涙を流して語った．父親は家に帰ってくるのが遅く，子どものことを相談しにくい，近くに実家もなく，誰もわかってくれないという．

　事例14-3は，母親が孤立感を抱えているうえ，発達の遅れ，障がいの可能性がある子ども，保健師の支援を拒否している点で，虐待のリスクが高い．母親が支援を受け入れなければ，歯止めがきかず，その後，叩く行為が常習化，エスカレートする心配がある．保育者は，この母親が吐き出した苦痛，焦りをまず受け止め，信頼関係をつくることで，虐待の早期発見，虐待予防の一歩に努めたい．また，母親の子どもへの関わり方も気にかかるが，適切な関わり方を伝えることは保護者が「できていない」というメッセージとなり傷つけることがある．保護者が受け入れられるタイミングを考えて助言する．

　虐待対応の初期の段階では，保護者の誤っている子育ての方法や考え方，訴えを頭から否定せず，耳を傾けて家庭の情報をできる限り引き出すこと，子どもの様子を十分観察し，通告を検討することが必要である．さらに，未就園児の場合，所属がないため，来園を促し関係づくりを強化するとともに，地域の他の支援機関の紹介，情報提供も併せて行うことが重要である．

ミニワーク14-3

　事例14-3の母子にあなたが出会ったとしたら，保育者として他の機関との連携をどのようにすればよいか考えてみよう．

（宮 里 慶 子）

要保護児童等および家庭への適切な支援

> **学びのポイント**
>
> 　本章では，要保護児童等とはどのような状況や環境にある子どもたちであるか，支援の実際として要保護児童対策地域協議会の機能と役割について理解する．そのうえで，保育者ならびに保育施設が担う役割について学ぶ．
> 　また，事例を通して要保護児童等の姿を捉え，それぞれの家庭が抱える子育ての不安や負担，孤独について理解し，関係機関等の連携・協働と具体的な支援について考える．
>
> 事前学習課題：15章の本文を読み，学びのポイントにあるキーワードについて，その言葉の意味を書き出しましょう．
> 事後学習課題：15章で学んだ内容から，あなたが保育者として何を大切にしたいのか決意表明しましょう．
> キーワード：要保護児童等，要保護児童対策地域協議会，こども家庭センター，社会的養護，親子関係再構築支援

第1節　要保護児童等と要保護児童対策地域協議会

1　要保護児童等とは

　要保護児童等とは，**要保護児童**もしくは**要支援児童**及びその保護者又は**特定妊婦**のことを示す．
　要保護児童とは，児童福祉法第6条の3第8項によると「保護者のない児童又は保護者に監護させることが不適当であると認められる児童」とされており，生命に危険が及ぶ最重度で直ちに保護を必要とする子どもから，専門機関の介入により継続した支援を必要とする中度から軽度の状況におかれた子どもがいる（**表15-1**）．
　要支援児童とは，児童福祉法第6条の3第5項によると「保護者の養育を支援することが特に必要と認められる児童」とされており，専門機関により保護者への適切な支援を行わなければ要保護児童になると疑われる子どものことである（**表15-1**）．
　また，特定妊婦とは，児童福祉法第6条の3第5項によると「出産後の養育について出産前において支援を行うことが特に必要と認められる妊婦」とされている（**表15-1**）．特定妊婦は，いずれも社会心理的な側面が強く，親族，関係機関や専門職とつながっていないことが多く，支援に至るまでのつながりをもつこと，SOSなどの不安や戸惑いに気づくことは非常に難しい．このほか，経済的に困窮している保護者は，生活保護法第6条の1において，現に保護を受けている，いない

第15章　要保護児童等および家庭への適切な支援　119

表15-1　要保護児童等の法的根拠と具体例

	法的根拠	具体例
要保護児童	児童福祉法第6条の3第8項「保護者のない児童又は保護者に監護させることが不適当であると認められる児童」	離別・死別等により養育者のいない子ども（孤児，保護者に遺棄された子ども），保護者が長期拘禁中の子ども，不適切な養育環境にある子ども，被虐待児童
要支援児童	児童福祉法第6条の3第5項「保護者の養育を支援することが特に必要と認められる児童」	保護者自身の性格（元来性格が攻撃的・衝動的）や精神疾患等の身体的・精神的に不健康な状態（医療につながっていない精神障害，知的障害，慢性疾患，アルコール依存，薬物依存等），保護者自身が過去に児童虐待を受けたことがある場合，未婚やひとり親家庭が陥りやすいワンオペ育児（1人で家事も育児も回す，1人オペレーションの通称）や貧困問題などの保護者や養育環境の要因と，さらに不登校や非行児童，心身に障害のある子ども，性格行動において問題のある子どもなど特別な支援を要する子ども側の要因，このほか，児童養護施設等の退所又は里親委託の終了により，家庭復帰した後の子ども
特定妊婦	児童福祉法第6条の3第5項「出産後の養育について出産前において支援を行うことが特に必要と認められる妊婦」	親族や地域社会から孤立した妊婦，望まぬ妊娠，若年の妊婦，すでにきょうだいが要保護児童等であり養育環境に問題がある妊婦，母子健康手帳未発行の妊婦，妊産婦健康診査未受診，経済的に困窮している妊婦などの理由により，リスクが高く妊娠期から支援を要すると思われる妊婦

（出典）児童福祉法をもとに筆者作成.

に関わらず保護を必要とする状態にあるものを要保護者と定義しているため，子育て家庭の保護者が，要保護者となっている場合もある.

　妊婦への支援については「児童福祉法等の一部を改正する法律」（平成28年法律第63号）において，母子保健法（昭和40年法律第141号）第22条の改正が行われ，妊娠期から子育て期にわたる切れ目のない支援を行う「子育て世代包括支援センター」（法律上の名称は「母子健康包括支援センター」という）が新たに規定され，その中核を担っている．市区町村は，同センターを設置することが努力義務となっている．2023（令和5）年4月現在1692市区町村で2593か所に設置されている．同センターは，主に妊産婦および乳幼児の実情を把握し，妊娠・出産・子育てに関する各種の相談に応じ，必要に応じて支援プランの策定や，地域の保健医療又は福祉に関する機関との連絡調整を行っている．また，母子保健施策と子育て支援施策との一体的な提供を通じて，妊産婦および乳幼児の健康の保持および増進に関する包括的な支援を行うことにより，もって地域の特性に応じた妊娠期から子育て期にわたる切れ目のない支援を提供する体制を構築することを目的としている．

　2022（令和4）年6月の児童福祉法等の一部を改正する法律により，子育て世代包括支援センターと子ども家庭総合支援拠点の組織を見直し，2024（令和6）年4月より，子育て世代包括支援センターは，「こども家庭センター」に発展した.

　配置されている専門職は，保健師や助産師，看護師といった医療職に加え，地域の実情に合わせて精神保健福祉士，社会福祉士等のソーシャルワーカー，利用者支援専門員，地域子育て支援拠点事業所の専任職員といった福祉職が配置されている．このことにより，これまで妊産婦・乳幼児等の支援の課題であった，多岐にわたる機関を妊産婦等が，自ら必要とする支援を選択することが難しいとされていたが，センターにより妊産婦等に助言したり，関係機関と連絡調整したりすることにより，妊産婦・乳幼児等が切れ目なく必要な支援を受けられることが期待される（図15-1）.

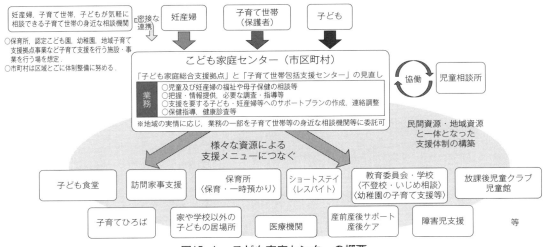

図15-1　こども家庭センターの概要

(出典) こども家庭庁支援局虐待防止対策課 (2023).

2　要保護児童対策地域協議会とは

　要保護児童等への支援は，その複雑な環境と問題が多岐に渡ることから，1つの機関だけで援助することは困難であり，複数の関係機関で連携・協働して援助することが求められる．その援助を点から線へ，線から面で行い，引継ぎ不足や情報提供の不備により子どもの生命が脅かされないようチーム支援のあり方や情報共有を行うためのサポートネットワークが，**要保護児童対策地域協議会**（通称：要対協）である（図15-2）．要保護児童対策地域協議会は児童福祉法第25条の2に設置が定められており（努力義務），「**子どもを守る地域ネットワーク**」と呼ばれている．その対象は，上記で述べた要保護児童等である．要保護児童等には，妊娠・出産，乳幼児・学童・青年期とその家族への支援が必要になることから，医療機関や保健機関，福祉機関等で緊密に連携を取ることが求められている．対象となる子どもが，保育所等を利用している場合や今後利用することが必要となる場合には，保育所等の役割は大きく，毎日利用する子どもの保育と保護者とのコミュニケーションから日々の小さな変化に気づき，気になることは記録を取っておくことが重要である．

　要保護児童等は，児童相談所に寄せられる相談・通告により要保護児童対策地域協議会にかけられる．児童相談所が受け付けた通告・相談等の推移は，前章で述べた通り，1989（平成元）年から増加の一途をたどっている．その後，児童相談所が一時保護した子どもの数も増え続けており，2022（令和4）年度は，2万9455件が保護され一時保護が解除されていることから，在宅支援に関する理解が必要である．児童相談所は，一時保護した児童について，家庭環境の調査や社会診断，心理診断などを行い，必要があると認める児童については，児童養護施設等に入所，里親に養育委託などの措置を行い社会的養護の対象となるが，2022（令和4）年度施設入所等に至った件数は4440件となっている（こども家庭庁支援局家庭福祉課，2024：6）．

　社会的養護は，社会全体で子どもを育むことを基本理念としており，**施設養護（家庭的養護），家庭養護**，家庭養育それぞれで生活する全ての子どもが対象である．また，近年社会的養護では，これまでの施設入所中心の支援からまず家庭養育を優先し（家庭養育優先原則に基づき），困難または

図15-2　要保護児童対策地域協議会（子どもを守る地域ネットワーク）
（出典）厚生労働省「要保護児童対策地域協議会設置・運営指針」をもとに筆者作成．

適当でない場合は，家庭養護や家庭的養護を推進する支援となっている．

3　要保護児童対策地域協議会を構成する関係機関等と運営

　要保護児童等への適切な保護または適切な支援を図るためには，関係機関や関係団体，専門職が，必要な情報交換を行い，子どもの最善の利益の視点で支援のあり方について協議を行う必要がある．要保護児童対策地域協議会を構成する関係機関等は，次の通りである．

【児童福祉関係】
　市町村の児童福祉，障害福祉，母子保健，生活支援等の担当部局，児童相談所，福祉事務所（家庭児童相談室），保育所等（地域子育て支援センター），乳児院，児童養護施設，母子生活支援施設等の児童福祉施設，児童発達支援センター，児童家庭支援センター，里親支援センター，児童館，里親，民生・児童委員協議会，主任児童委員，民生委員・児童委員，社会福祉士，社会福祉協議会，学童クラブ（放課後児童クラブ），こども家庭センター

【保健医療関係】
　市町村保健センター，保健所，地区医師会，地区歯科医師会，地区看護協会，医療機関，医師，歯科医師，保健師，助産師，看護師，精神保健福祉士，カウンセラー（臨床心理士等）

【教育関係】
　教育委員会，幼稚園，小学校，中学校，高等学校，特別支援学校

【警察・司法関係】
　警察，弁護士会，弁護士

【人権擁護関係】
　法務局，人権擁護委員

【配偶者からの暴力関係】
　配偶者暴力相談センター等，配偶者からの暴力に対応している機関

【その他】（子ども食堂，ひとり親支援の団体など）
　NPO，ボランティア，民間団体

第Ⅱ部　子育て支援とその実際

　要保護児童対策地域協議会の運営については，構成員の代表者による「代表者会議」，実務担当者による「実務者会議」，直接関わりのある担当者等による「個別ケース検討会議」の三層で構成するのが標準的である．さらに，地域によっては子育て家庭に身近な関係者による「支援者会議」を行っているところもあり，未然予防や早期発見，意識啓発といった前段階から重層的に要保護児童等を支えている．

　また，会議の開催にあたっては，調整機関が関係機関との調整を行う．要保護児童対策地域協議会の調整機関は設置者の長により指定されており，調整機関は，協議事項の調整や援助の実施状況の把握（進行管理），事務の総括（資料の保管，報告）といった，要保護児童対策会議のマネジメントを行っている．調整機関は，関係機関等からの児童虐待通告や支援を要するケースを受理し，記録と資料作成などを行い，速やかに会議を招集する必要がある．この時に，関係機関等は対象家庭についての問題意識のずれが生じることがある．それぞれの支援内容や関わりの頻度によって，見えていることが異なるためである．しかし，児童虐待は第一義に未然予防，そして早期発見が求められることから，児童虐待の疑いが軽微だと思われるケースであっても放っておくことなく，慎重に対応しなければならない．ケースの個別性や匿名性，個人情報保護の観点から，要保護児童対策地域協議会の取り扱う情報に関しては，特に慎重にケースを取り扱わなければならない．その法的位置づけは次の通りである．

・要保護児童対策地域協議会の構成機関内における情報共有は，守秘義務違反にならない．
（児童福祉法第25条の2第2項）
・要保護児童対策地域協議会は必要に応じて，要保護児童対策地域協議会に構成されていない機関等に対しても，資料または情報の提供，意見の開陳その他必要な協力を求めることができる．
（児童福祉法第25条の3）
・要保護児童対策地域協議会の構成員は，要保護児童対策地域協議会で知り得た情報を漏らしてはいけない．
（児童福祉法第25条の5）
・守秘義務に反し，秘密を漏らした場合には，1年以下の懲役または50万円以下の罰金．
（児童福祉法第61条の3）

　児童福祉法第25条の2第2項は，組織として外部に漏洩しない集団における守秘義務である．

●事例15-1　見知らぬ地域で孤立するひとり親家庭への支援の事例

　Hさん（母親，36歳）は，出身地は九州地方であるが，就職を機に関西地方に移り住み，その後Sさん（父親，39歳）と結婚し，Sさんの実家がある北陸地方に転居した．結婚して間もなく，Mちゃんを妊娠．Mちゃんが1歳半の時に，Sさんの仕事の都合で東北地方への異動が決まり，家族で転居．新天地での仕事にやりがいをもっていたSさんだったが，毎晩帰りが遅くなり，家族の時間にすれ違いが生じるようになった．日中1人で家事と子育て（ワンオペ育児）をしていたHさんは，負担と孤独にさいなまれ，度々口論となり，夫婦関係が悪化し離婚することになった．この時，Mちゃんがもうすぐ2歳になる夏だった．Hさんは，地域とのつながりがほとんどなく，頼れる知人もいない．離婚により，Hさんは働かなければならないが，土地勘もなく移動手段も公共交通機関のみである．また養育費の取り決めはなく受け取っていない．

ミニワーク15-1

　自分の住む市区町村には，要保護児童対策地域協議会が設置されているか調べてみよう．また，構成機関や構成員についても調べてみよう．

ミニワーク15-2

　事例15-1のHさんとMちゃんが支援を受けることができる関係機関等は，どこが考えられるだろうか．

　事例15-1のような家庭は，周囲にその状況が気づかれにくい．保護者からSOSがあればいいのだが，以前からどの機関ともつながっていないのであれば，見つけることが困難である．このような時こそ，それぞれの機関の強み（機能）を生かした支援をアウトリーチしていく必要がある．保育所等だと，園庭開放や子ども図書館など園の設備を活かした支援を広報し，その情報がいきわたるよう工夫をしていきたい．例えば，SNSを用いた情報発信やスーパーマーケットなど生活に密接した商業施設に案内を掲載するなど，様々な形で目に触れる機会を提供してほしい．

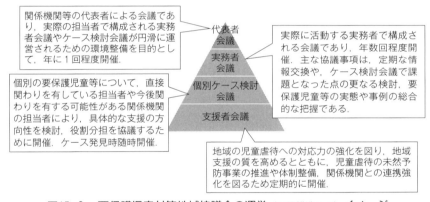

図15-3　要保護児童対策地域協議会の運営（三層構造＋α）イメージ
（出典）厚生労働省「要保護児童対策地域協議会設置・運営指針」をもとに筆者作成．

第2節　要保護児童等への支援について

1　要保護児童と社会的養護

　要保護児童は，通告や相談があった場合，児童相談所が中心となって，子どもの生命を守り，安全を確保することを最優先した対応がとられる．そして，速やかに緊急受理会議を行い，関係機関等に情報提供を求め，子どもの安全確認のための調査，診断が行われる．子どもの生命に危険が及ぶ場合や子ども自身が，保護を求める場合などは一時保護となる．その後，調査と診断をもとに援助方針会議が行われ，在宅支援や親子分離の援助方針が決定されることになる．

　在宅支援は，子どもが継続して家庭で暮らしつつ，児童相談所の児童福祉司などの指導により親

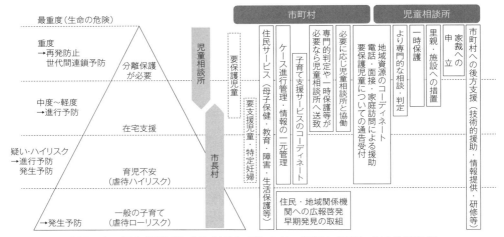

図15-4　児童相談所と市町村それぞれの持つ機能と権限による役割分担
（出典）富山県子ども支援課（2020：60）．

子関係を調整し，地域での見守りを行う要支援児童となる．一方，子どもの意向と保護者の思いを聞き取ったうえで，親子の分離が必要と判定された場合は，社会的養護すなわち里親委託や施設入所となる（図15-4）．

　社会的養護とは，保護者のない児童や，保護者に監護させることが適当でない児童を，公的責任で社会的に養育し，保護するとともに，養育に大きな困難を抱える家庭への支援を行うことである．社会的養護は，「子どもの最善の利益のために」と「社会全体で子どもを育む」を理念とし，子どもの**権利擁護**を念頭に保護と養育，自己実現に向けた支援が実践されている．

2　社会的養護の下で暮らす子どもの保育所等の利用

　社会的養護の下で，生活する子どもは，家族と離れて暮らしていても，一般の家庭と同じように保育所等に通い，学校に通学する．児童養護施設等を家庭として，保育・教育を受けるということを理解しておく必要がある．児童虐待により親子分離となり，実の家族と離れているといっても，家族との連携・協働は忘れてはならない．施設に入所しているということは，措置されているため，現に監護しているのは施設長となるが，多くの場合は，どこかに保護者がいるのである．子どもの年齢によっては，保護者と離れて生活する理由が理解できていない場合や，家庭復帰を強く望む子どももいる．そのため，保育士等は，子どもの姿を観察し，気になる様子や発言がある場合は，施設と連携していく必要がある．施設は代替的養育として，保育者とともに，保護者を支えながら，あるいは保護者に代わって，子どもの発達や養育を保障している．そのことを保育士等も理解し，施設と情報交換をしていくことが重要である．

●**事例15-2　どっちのお母さん？**

　児童養護施設に入所するSちゃん（5歳男児）は，M認定こども園ぞう組です．新年度でようやく落ち着いた4月後半，担任のA先生（1年目）は保育の中で，もうすぐ"母の日"ということもあり，お

第15章　要保護児童等および家庭への適切な支援　*125*

母さんの絵を描くことにしました．「ぞう組の皆さん，もうすぐ母の日なので，今日はお母さんの絵を描きましょう．お母さんを思い浮かべてみてごらん．」すると，Ｓちゃんが「先生，お母さんってどっちのお母さん？　本当の？　今の？」Ａ先生は，困ってしまいとっさに「○○○○」と答えました．

ミニワーク15-3

事例15-2のような場合，あなたがＡ先生ならどのように答えますか．また，Ａ先生は事前にＳちゃんに対して，もしくは活動に対して配慮できることがあったのでしょうか．考えてみましょう．

里親やファミリーホームといった**家庭養護**，ひとり親家庭，再婚や事実婚などといったステップ・ファミリー，家族のカタチも時代とともに多様になっていることを理解し，子どもの最善の利益となるよう人権に配慮した声かけを日ごろから心がけたい．そのためには保育者をめざすあなた自身が多様な価値観をもつことである．

3　要支援児童と社会的養護を退所後の支援

社会的養護のもとで暮らす子どもの支援には，**親子関係再構築支援**が施設，里親，市町村，児童相談所などにより行われている．親子関係再構築支援とは，「子どもと親がその相互の肯定的つながりを主体的に築いていけるよう（目的），虐待をはじめとする養育上の問題や課題に直面している親子関係の修復や再構築に取り組むこと」であり，多様な家族関係にある入所児童にとっては，家庭復帰だけが親子関係再構築支援のゴールではない．ともに暮らすことができなくとも，生い立ちの整理や，一定の距離を置きながら親等と交流を続けることで，お互いを受け入れあう関係をめざすことも目標として掲げられている（こども家庭庁，2023i：1）．親子関係再構築支援の1つである，家庭復帰は家族のもとで地域の中で生活することになる．施設の支援はそこで終結ではなく，退所後の支援（アフターケア）が法的に位置づけられている．退所後に保育所等を利用することになった場合は，施設を含む関係機関等とも連携していくこととなる．また，要保護児童としてではなく，在宅支援の要支援児童として要保護児童対策地域協議会で継続して関係機関等が連携し支援内容や情報共有を行っていく．

第3節　関係機関・施設等との連携や協働の実際

1　関係機関や施設等との連携や協働

こども家庭庁から，「子どもと日々の接点を有する学校，保育所，認定こども園及び認可外保育施設等と市町村・児童相談所等との間で，こどもの異変（あざ・理由不明の欠席等）に係る情報やリスク判断の鍵となる重要な情報の認識が十分に共有された上で，子どもや家族の状況等を踏まえたアセスメントやそれに基づく適切な対応がとられる等の連携体制の構築が重要である」と都道府県，市町村に周知がなされている．特に保育施設は，保護者による送迎，子どもの衣服の着脱，排泄な

ど保護者の様子や子どもの変化に気づきやすいことを理解しておかなければならない．日頃から観察や視診，コミュニケーションを大事にし，気づきや違和感があった場合には，複数の職員で確認し，記録（必要に応じて画像等）を取り，市区町村の児童福祉関連部局と連携しなければならない．大事なことは，いざというときに焦らないよう，担当部署を理解しておくことと定期的な情報提供だといえる．

2 要保護児童等の家庭と保育者の役割

保育士は，社会福祉の一分野である子ども家庭福祉の専門職である．日々の保育やクラス運営といった集団にばかりとらわれすぎることなく，一人ひとりの個性と人権を尊重しなければならない．改めて，子どもの様子，保護者の様子を丁寧に観察することが重要である．すると，そこから家庭や家族の姿が見えてくるだろう．例えば，不自然な体の傷，子どもの様子や言動，前日から服装が変わっていない子ども，抱きしめたときに臭いのする子ども，前日に持ち帰ったお便りを見ていない家庭，送迎時の保護者の表情や様子，連絡なく欠席が続く子ども，毎日関わる保育士だからこそ気づく機会が多い．

保護者とのコミュニケーションを大事にし，何かあれば相談をしてくれるという待つ姿勢や，相談がない場合には，気になったことは職員間で共有し，声をかけることも必要である．また，保育所等を利用していない地域の子育て家庭に対しても保育所等の役割は大きい．子育て家庭をつなぐ，コミュニティのきっかけを園庭開放や子育て教室などから提供し，地域の実情に応じた様々な子育て支援事業に取り組んでいくことが求められている．そして，保育は，これまで蓄積してきた実践と保育士一人ひとりの専門性で，保育の社会化に向けて地域福祉の推進を担い，地域の子育ての拠点として，全ての子育て家庭を包む社会資源として必要とされる存在でありたい．

（明 柴 聰 史）

第16章

多様な課題のある子育て家庭に対する理解と支援

学びのポイント

　　保育者が出会う保護者の中には，様々な生活問題に直面している人たちがいる．障がいを抱えている人・病気で療養している人たち・外国籍の人たち・DV被害者・生活困窮者等々と多岐にわたる．直面している生活問題が，ときに子育てを困難にする．そうしたとき，保育者としてはどのような支援ができるだろうか．困難に直面している保護者の生活実態から謙虚に学び，その辛さを理解しようとすることが，多様な支援ニーズにこたえる第一歩となる．

事前学習課題：16章の本文を読み，学びのポイントにあるキーワードについて，その言
　　　　　　　　葉の意味を書き出しましょう．
事後学習課題：16章で学んだ内容から，あなたが保育者として何を大切にしたいのか決
　　　　　　　　意表明しましょう．

　キーワード：障がい・疾患，外国籍，DV被害者，生活困窮

第1節　障がいや疾患を抱える保護者

1　障がいや疾患ではなく「困りごと」に目を向ける

　保護者が障がいや疾患を抱えている場合，保育者としては保護者の悩みに寄り添い理解する姿勢が求められる．例えば，支援を要する重度障がい者が子育てをする上でどんな困りごとがあるか，慢性疾患を抱え闘病生活をおくりながらの出産・育児がどれほど大変か，まずは想像力をはたらかせる必要がある．

　いざ関わりを持つとなるとつい障がいの"ありよう"や疾患に注目してしまうが，保育者が関係を切り結ぶ上で大切なのは「子育ての中で何か困っていることはないか」という視点を持つことである．あくまでも子どもを中心に置いて支援することを忘れてはならない．

　そして話を聞く際には，様々な配慮が必要となる．例えばメディアでよく取り上げられることもあり，耳の不自由な人とのコミュニケーションとして手話を連想する人も多いだろう．あるいは補聴器があれば会話ができるのではないかと思っている人も多いだろう．しかし，聴覚障がい者がみんな手話を駆使してコミュニケーションするわけではないし，難聴者にとって補聴器が万能であるわけでもない．

　ようは思い込みにとらわれずその人との最善のコミュニケーション方法を取ることが重要であ

128 第Ⅱ部 子育て支援とその実際

る．聴覚障がい者にとって筆談や身振り手振りも大切なコミュニケーション手段といえる．

2 子どもへのケア

家族全員がろう者（デフファミリー）の子どもは，手話を第一言語として身につけ，その後に音声言語を習得するといわれている．一方で，聴覚障がい者の親を持つ健聴者の子どもをCODA（コーダ：Children of Deaf Adults）という（WP コーダ子育て支援，2022）．コーダは成長するにつれ親に対する社会の風当たりにショックを受け，親を守る気持ちから年齢に不相応な責任やケアを担わざるを得ないことがある（つたわるねっとHP）．

このように，子どもが必要以上にプレッシャーを感じていないか，年齢にそぐわない責任感を感じていないか，それとなく見守る必要がある．また，可能な限り福祉サービスや他の親族の協力も仰ぎながら，親子ともども落ち着いて暮らせるよう支援していくことが大切である．

3 支援における配慮

まずは保護者本人の状態を知ることである．落ち着いて療養できているか，リハビリや介護その他の生活支援をきちんと受けられる環境にあるか確認が必要となる．もちろん，療養・リハビリや生活支援そのものは保育者の職責ではないが，慢性疾患や障がいの有無はその世帯の暮らし全体に関わってくる．子どもを通した日々の関わりの中でそれとなく話を聞き受け止めることが重要である．

障がいや慢性疾患などで長期にわたる通院や治療・リハビリを余儀なくされている保護者には，子育てに自信が持てない人もいる．親・保護者としての役割が果たせているか不安になったり，子どもと十分に遊んでやれないことへの後ろめたさを抱えていたりすることもある．そうした傾向がみられる場合には積極的に関わり，子どもとの関係が順調であることを再確認する必要がある．子育て支援の最も重要な点は，**保護者が自信をもって子育てに臨めること**に他ならない．

ミニワーク16−1

保育所のお迎えの時間帯，聴覚障がいのある母親が，1歳の子どもの離乳食について相談にやってきた．あなたはどのようなことに配慮してアドバイスを行うだろうか．みんなで意見を出し合ってみよう．

第2節 外国籍の保護者

1 言葉や文化の壁

出入国在留管理庁の資料によると，2023（令和5）年末現在，在留外国人は341万992人である．このうち中長期在留者数は312万9774人，特別永住者が28万1218人となっている．

保育所を利用している家庭のなかには，来日して日が浅く日本語の読み書きがおぼつかない保護者もいる．子どものほうが日本語の修得が早く親を助けているというケースも多く，子どもが一生

懸命に保育者と親の「通訳」をしていることもある.

　こうした場合には，お便りにふりがなを振ったり，連絡帳は努めて平易な言葉で記したりする必要がある. 面談を行う場合も，日本語の習熟度に合わせてゆっくりわかりやすく話す必要がある. 留意すべきこととしては，こちらから一方的に情報を伝えるのではなく，**丁寧に話を聞き取ること**が重要である. 不慣れな土地で不安を抱えるなかで，それでもとにかく話を聞いてもらえる場所というのは貴重である.

　加えて，外国籍の保護者がぶつかりやすいのが文化の壁である. 国や地域で考え方や方法が異なるのは当然であり，保育者の側が「なぜそうした育児の方法をとっているのだろうか」と**当事者から学ぶ**という姿勢が重要となる. 日本の文化や慣習を押し付けるなどもってのほかである. お互いに理解を深めるという視点から関わらなければ，保護者を追い詰めることになりかねない.

2　社会の壁

　残念ながら，いまの日本社会は外国籍の人たちに対して寛容であるとは言えない. インターネットではひどい言葉が飛び交い，繁華街ではヘイトスピーチが行われていることもある. 保育者として，外国籍の人たちがヘイトスピーチを目の当たりにしたときにいかに恐怖を感じるか想像してほしい.

　外国籍の人たちは日本社会の中でともすれば差別の対象になりかねないことに留意が必要である. 少なくとも保育の場は誰に対しても「安心できる場所」「子どものことを気軽に相談できる場所」でなければならない.

3　支援における配慮

　コミュニケーションにおいて，「英語は世界共通語」と思っている人も多いだろう. しかし，日本の保育者の多くは日常的に英語を使う環境にない. 何かを伝える文書等を作成する場合，英語表記よりも平易な日本語（ふりがなを多用するなど）のほうが伝わりやすい. 実際に日本で過ごすときに「外国人が日常生活に困らない言語」として「英語」44.0％，「中国語」38.3％を抑えて「日本語」が62.6％を占めるという調査結果もある（出入国在留管理庁・文化庁，2020）.

　出入国在留管理庁では「在留支援のためのやさしい日本語ガイドライン」という冊子を作成している.「やさしい日本語」の重要性が認識されたのは1995（平成7）年の阪神・淡路大震災の時で，言葉が壁となり支援が行き渡らなかったために外国人の死傷者が多数出たことがきっかけである.「やさしい日本語」とは言い換えれば日本語を母語としない人たちにもわかりやすい日本語である. 例えば「こちらの書類に記入を願います」よりも「この紙に書いてください」とした方が伝わりやすい.「余震」という言葉の意味は分からなくても「後から来る地震」と言えば理解してもらえる.

　日常の言葉かけからお便りや配布文書まで，「この言葉遣いや表記で伝わるか」といった気遣いで助かる保護者もいるだろう.「やさしい日本語」を活用することでスムーズなコミュニケーションに一歩近づくことができる. また近年ではICTの活用が進み，保護者アプリに公開された園か

130 第Ⅱ部　子育て支援とその実際

らのお知らせが英語に自動翻訳される技術も社会実装されている[1]．こうした技術が子育て支援の現場に導入されることで，よりスムーズなコミュニケーションの保障がなされることが期待される．

　また文化の違いで思いもよらないことで悩んでいる保護者もいる．保護者が孤立を深めないよう「受け止め役」「聞き役」として関わることが重要である．

ミニワーク16-2

　あなたの身近なところで，これまでどんな「文化の壁」があっただろうか．国籍や地域に限定せず，気が付いた事柄を書き出してみよう．

第3節　DV被害を受けている保護者

1　見えにくいDV被害

　DV（ドメスティック・バイオレンス：配偶者やパートナーからの暴力）は，顕在化しにくいといわれる．例えば暴力的な配偶者やパートナーの特徴として「ふだんは優しい」という点があげられる．被害者からはよく「暴力さえ振るわなければこんないい人なんです，私のほうが悪いんです」という言葉を聞く．しかしそれは，気に食わないことがあれば恫喝や暴力でおさえつけ，優しい言葉で懐柔するという支配の構造に飲み込まれている状態である．被害者はなかなかこの構造に気づきにくいため，周りからの助言やサポートが必要となる．

　また，被害者が明確にDVと認識している場合でも対処は簡単ではない．一般的に被害者は自身が暴力暴言を受けていることを隠す傾向にあるからである．幸せな生活を願っていたのに暴力にさらされているという現実を認めたくない場合もある．被害を申し出るのが恥ずかしい，情けないといった感情もある．被害者は努めて平静な生活を装うのである．そのため，周囲がDVの事実に気づきにくいという側面がある．

2　DVと子どもへの虐待

　「子ども家庭福祉」などの科目ですでに学んでいるように，いわゆる**面前DV**（子どもの目の前で配偶者にDVを行う）は子どもに対する心理的虐待となる．DVを目の当たりにした子どもは深く傷つき，長期間フラッシュバックに苦しむ人も多い．

　また視点を変えてみてみると，配偶者に躊躇なく暴力をふるえる状態にある人が，子どもに対して自制心が働くだろうか．あるいは自分自身が暴力にさらされている状態で，子どもへの暴力を止めることができるだろうか．加害者に子どもを殴れと言われて，被害者は拒むことはできるだろうか．おそらくこのような状態で子どもの命や安全は守れない．DVは児童虐待と極めて強いつながりを持ち，その発見を遅らせてしまう．

1）例えばCODOMONホームページを参照.
　　https://www.codmon.com/info/functions/5708/（2024年9月26日アクセス）.

3　支援における配慮

　これまで見てきたように，DV被害者はなかなか本当のことを言い出せない状況である．さりげないSOSに普段から気を配っておく必要がある．また，もしDVの事実を打ち明けられたら「話してくれてありがとう」というスタンスで関わる必要がある．間違っても過去にさかのぼって「あの時にこうしておいた方が良かった」というようなことを口にするべきではない．当事者はその一言で「責められている」「話を聞いてもらえない」と受け取り，本当のことを話してもらえなくなる．

　またDVから逃れてきた世帯を受け入れている場合は，個人情報保護に細心の注意が必要である．加害者は被害者や子どもに執着する傾向が強く，突然いなくなった家族を必死になって探し回っていることも多い．そして時には強硬な手段に出ることがある．最悪の事態を防ぐためにも重要な点である．

ミニワーク16-3

　あなたはパートナーや親しい人にどれくらい敬意を払って関われているか（あるいは払ってもらえているか）考えてみよう．例えば譲れない価値観の違いがあった場合，どのようにして解決へとたどり着こうとするだろうか．書き出してみんなで意見交換してみよう．

第4節　困窮状態にある家庭

1　子育て世帯の困窮とは

　いくらお願いしても子どもの着替えを用意してくれない保護者，毎日お迎えの時間をオーバーしてしまう保護者．朝食を食べずに登園してむさぼるように給食を食べる子ども，いつも汚れた服を着ていて髪の毛もぼさぼさの子ども……．

　いずれも保育現場でよく見聞きする事柄で，よく事情を知らない人から見れば「親は何をやっているんだ」ということになるだろう．親としての自覚がない，子どもへの愛情が足りない，という批判の声が聞こえてきそうである．

　しかし，保育を学ぶものとしては「これらはすべて本当に親の怠慢なのか」と立ち止まって考えてほしいシチュエーションである．親はこうあるべき，という常識や思い込みを「うたがう」ことから，学問は始まる．この場合，いまの子育て世帯の実情を知るところから始めないといけない．

2　「子どもの貧困」は世帯全体の貧困

　2008（平成20）年に毎日新聞が取り上げた「無保険の子」問題をきっかけに**「子どもの貧困」**は解決すべき社会問題として認知されるようになった．その後も様々な切り口で「子どもの貧困」が語られ，社会に共有されていった．その後15年以上が経過し，子育て世帯を取り巻く社会状況は大きく変化している．

例えばクレヨンしんちゃんやドラえもんなどアニメの世界で描かれている「家族」はいまや遠いものといえる．子どもがしんちゃんの年齢（5歳）で，首都圏に一戸建て持ち家に居を構えることができるサラリーマンは，どれくらいいるだろうか．

いま子育て真最中である30代後半の親たちは物心がついた時にはバブル崩壊を迎えている．日本経済の長期低迷とともに人生を歩んできた世代である．高校生や大学生の子どもを抱えているであろう40代後半から50代前半の年齢層は，社会に出たとたんに「失われた30年」（バブル崩壊後の長期にわたる日本経済の停滞を指す）が始まっている．子育て中の多くの世帯は，労働条件も悪く賃金の伸びも期待できず，不安定で先の見通しが持てない状況にある．

ところで，「子どもの貧困」とは，「子どもの問題」なのだろうか．親世代の雇用状況や暮らし向きを踏まえると，「子どもの貧困」とは限りなく「親世代の貧困」そして「世帯全体の貧困」といえるのではないか．

私たちは貧困問題を「子ども」に焦点化したことで社会において「子どもに責任はない」という合意を取り付け，「子ども食堂」や「居場所支援」そして「無料の学習塾」などの支援につなげることができた．しかし，貧困状態に置かれている「親にだって責任はない」のである．安易に自己責任論で済ませず，貧困そのものをなくしていくことを目指したい．

3 支援における配慮

登園の準備に不備があったり子どものケアが十分でなかったりした場合に，果たしてそのことを指摘するだけで問題は解決するだろうか．保育者に求められるのは「ダメな親だ」「もっとしっかりしてほしい」と親を**ジャッジ（裁く）すること**ではない．なぜそのような状態に陥っているのか，何か事情があるのではないかと状況を**キャッチ（受け止める）すること**である．

「社会福祉」等の授業ですでに学んでおり，本テキストの第2章でも詳しく述べられている「バイスティックの原則」の「非審判的態度の原則」や「受容の原則」の重要性を改めて思い起こしてもらいたい．

ミニワーク16-4

日本国憲法第25条で示されている「健康で文化的な最低限度の生活」とはどのようなものだろうか．グループで話し合ってみよう．

（松木宏史）

より良き子育て支援のために

第1節 子ども・子育て支援をめぐる動向

1 こども家庭庁の設立と「こどもまんなか社会」

2023（令和5）年4月1日に「こども基本法」ならびに「こども家庭庁設置法」が施行された．これに伴い，「こども政策の新たな推進体制に関する基本方針〜こどもまんなか社会を目指すこども家庭庁の創設〜」（2021（令和3）年12月21日閣議決定）に基づき，こども施策の司令塔を担うべく新しい省庁としてこども家庭庁が設立された．

この基本方針では，「常にこどもの最善の利益を第一に考え，こどもに関する取組・政策を我が国社会の真ん中に据え」ることを「こどもまんなか社会」と位置づけている．

さらに，2023（令和5）年12月22日に閣議決定された「こども大綱」では，「『こどもまんなか社会』とは，全てのこども・若者が，日本国憲法，こども基本法及びこどもの権利条約の精神にのっとり，生涯にわたる人格形成の基礎を築き，自立した個人としてひとしく健やかに成長することができ，心身の状況，置かれている環境等にかかわらず，ひとしくその権利の擁護が図られ，身体的・精神的・社会的に将来にわたって幸せな状態（ウェルビーイング）で生活を送ることができる社会である」と定義づけられた．

こうして，日本の子ども・子育て支援は，「こどもまんなか社会」を目指し，新たなステージへと歩み出すこととなった．制度設計の議論に加わった秋田（2023）は，「こどもまんなか社会は子どもを対象にするのではなく，こどもと共に保護者と共に保育者と共にという『with（共に）』の社会を創り出すあらたな地域コミュニティに創る場であってほしいと願う」と述べている．「こどもの最善の利益」のためには，子どものウェルビーイングのみならず，保護者や養育者のウェルビーイングにも目を向けることが重要である．保護者・養育者が実感する幸福感は，子どもの幸福にもつながるという視点は，「こどもの最善の利益」を探求する保育者にとって子育て支援の拠り所となる．

2 こども基本法の施行と児童福祉法の改正

こども基本法では，「こども」について，年齢の枠組みを設けず「心身の発達の過程にある者」と定義（第2条）している．また，「こども施策」として，①新生児期，乳幼児期，学童期及び思春期の各段階を経て，おとなになるまでの心身の発達の過程を通じて切れ目なく行われるこどもの健やかな成長に対する支援，②子育てに伴う喜びを実感できる社会の実現に資するため，就労，

結婚，妊娠，出産，育児等の各段階に応じて行われる支援，③ 家庭における養育環境その他のこどもの養育環境の整備をあげ，その他のこどもに関する施策及びこれと一体的に講ずべき施策としている．これに基づき，第３条では次の６点を基本理念として，こども施策は行われなければならないとされる（※下線は筆者）．

こども基本法　第３条―基本理念
1．全てのこどもについて，個人として尊重され，その基本的人権が保障されるとともに，差別的取扱いを受けることがないようにすること．
2．全てのこどもについて，適切に養育されること，その生活を保障されること，愛され保護されること，その健やかな成長及び発達並びにその自立が図られることその他の福祉に係る権利が等しく保障されるとともに，教育基本法（平成18年法律第120号）の精神にのっとり教育を受ける機会が等しく与えられること．
3．全てのこどもについて，その年齢及び発達の程度に応じて，自己に直接関係する全ての事項に関して意見を表明する機会及び多様な社会的活動に参画する機会が確保されること．
4．全てのこどもについて，その年齢及び発達の程度に応じて，その意見が尊重され，その最善の利益が優先して考慮されること．
5．こどもの養育については，家庭を基本として行われ，父母その他の保護者が第一義的責任を有するとの認識の下，これらの者に対してこどもの養育に関し十分な支援を行うとともに，家庭での養育が困難なこどもにはできる限り家庭と同様の養育環境を確保することにより，こどもが心身ともに健やかに育成されるようにすること．
6．家庭や子育てに夢を持ち，子育てに伴う喜びを実感できる社会環境を整備すること．

　子育て支援を展開する際の共通認識は５及び６にあるが，子育て支援は，子どもの日々の姿や発達・成長を保護者・養育者に伝え，喜びを実感できるよう配慮したり，保護者間でまた保育者とともに情報を共有できたりするものでなければならない．つまり，子どもの日々の保育と別個のものとして捉えるのではなく，一体的に捉える必要がある．その点で，子育て支援の展開においても，１から４の基本理念は５及び６と切り離して考えず，常に意識化されなければならない．

　一方，子ども家庭福祉の総合的基本法である児童福祉法は，2022（令和４）年に子育て困難世帯の顕在化を踏まえ，子育て世帯に対する包括的支援の体制強化を目的として，改正され，2024（令和６）年４月１日に施行された．子育て家庭への支援に関わる改正点として主だったものは次の通りである．

- 市区町村は，子ども家庭福祉の立場からの支援を担う子ども家庭総合支援拠点と母子保健の立場からの支援を担う子育て世代包括支援センターを一本化し，分け隔てなく，あらゆる妊産婦や子育て世帯，子どもに対して包括的な相談支援を行うことを目的として，こども家庭センターを設置する．
- 身近な子育て支援の場（保育所等）における相談機関の整備に努める．
- 子育て支援に関わる新たな事業として，子育て世帯訪問支援事業（要保護児童の保護者等に対して，居宅において，子育てに関する情報の提供や家事及び養育に係る援助その他の必要な支援を行う事業）や親子関係形成支援事業（親子間の適切な関係性の構築を目的として，子どもや保護

者に対して，子どもの心身の発達状況等に応じた情報の提供，相談・助言，その他必要な支援を行う事業）を法定化する．

・困難を抱える妊産婦等については，一時的な住居や食事の提供，養育等に係る情報提供等を行う妊産婦等生活援助事業（その他，子どもの養育に係る相談・助言，母子生活支援施設や関係機関との連絡調整，特別養子縁組に係る情報提供やその他必要な支援を行う事業）を創設する．

・児童発達支援センターについて，従来の福祉型と医療型の区分を一元化し，地域における障がい児支援の中核的役割を担うことを明確化する．

　保育者は，地域の支援ネットワークの重要な一員として，常に時代の流れを追い，新たな動きに敏感に対応する能力が求められる．こうした制度的変化から，地域や実践現場において，子育て家庭が抱える多様で複雑なニーズが増えていることは明らかである．

3　「こども大綱」と「幼児期までのこどもの育ちに係る基本的なビジョン」の策定

　2023（令和5）年12月22日に，こども基本法に基づき「こども大綱」「幼児期までのこどもの育ちに係る基本的なビジョン（はじめの100か月の育ちビジョン）」「こどもの居場所づくりに関する指針」「こども未来戦略～次元の異なる少子化対策の実現に向けて～」が閣議決定された．ここでは，とりわけ前二者に焦点を当て，子育て支援に携わる保育者が理解しておくべき観点を取り上げたい．

　こども大綱は，従来の「少子化社会対策大綱」「子供・若者育成支援推進大綱」「子供の貧困対策に関する大綱」の三大綱を一体化させ，さらに必要な施策を含み込み，こども施策の充実を図ることを意図している．そして，「こどもまんなか社会」の実現に向けて，日本国憲法，こども基本法，子どもの権利条約の精神にのっとり，6つの柱をこども施策の方針に据えている．特に，子育て当事者への支援に関する重要事項として，「子育てや教育に関する経済的負担の軽減」「地域子育て支援，家庭教育支援」「共働き・共育ての推進，男性の家事・子育てへの主体的な参画促進・拡大」「ひとり親家庭への支援」が盛り込まれている．

　こうした施策が私たちの日常に根付くことで，それにより支えられた保護者・養育者が次の世代にその経験を引き継ぎ，循環する社会が構築されるのである．

　「幼児期までのこどもの育ちに係る基本的なビジョン（はじめの100か月の育ちビジョン）」では，こども基本法の理念にのっとり，①こどもの権利と尊厳を守る，②「安心と挑戦の循環」を通してこどものウェルビーイングを高める，③「こどもの誕生前」から切れ目なく育ちを支える，④保育者・養育者のウェルビーイングと成長の支援・応援をする，⑤こどもの育ちを支える環境や社会の厚みを増す，の5つにビジョンが整理されている．このビジョンを遂行するため，「はじめの100か月の育ちビジョンの実現に向けた社会全体の全ての人の役割」が示されており，「直接こどもの育ちに関わる人」のうち「専門的な立場でこどもの育ちに関わる人」として保育者があげられる．保育者に関しては，子育て支援に関連する次のような記述がある（※下線は筆者）．

> 幼児期までのこどもの育ちに係る基本的なビジョン（はじめの100か月の育ちビジョン）
> はじめの100か月の育ちビジョンの実現に向けた社会全体の全ての人の役割
> 直接こどもの育ちに関わる人―専門的な立場でこどもの育ちに関わる人（抜粋）
> ○保育者など専門的な立場でこどもの育ちに関わる人は，こどもの「アタッチメント（愛着）」の対象ともなるなど，日常的で密な関わりを持つことができ，こどもの育ちの質を考える上で特別な存在である．このため，保育者等が誇りを持って働くことができるような体制整備が必要である．
> ○このような大切な役割を持つ専門職である保育者や子育て支援員，教育・保育施設や地域子育て支援の運営者など，保育や子育て支援に携わり，乳幼児の日常の育ちを支える人には，教育・保育の専門性を活用し，幼児教育・保育に関する基準等に基づき，こども基本法の理念や本ビジョンを体現しながら，こどもの育ちの質の向上のため，家庭への支援や地域との連携を図る役割が求められる．
> ○その際，専門性を持ちながら乳幼児の育ちを日常的に支えている立場を活かし，保護者・養育者の成長を支援・応援したり，学童期以降の育ちを支える立場の人へ切れ目なく橋渡しをしたりするなど，専門職として助言を行う役割も求められる．

　保育者は，保護者・養育者とともに子どもの育ちのスタートラインに立ち，その人間性と専門性を生かしながら，子どもにとって人生の初期がより豊かになるよう支える役割を果たしている．保育者は，時として保護者・養育者の苛立ちやつらさなどに直面し，葛藤することもあるが，その過程で保育者自身も成長している．特に社会的養護では，子どもの成長や親子関係を見据えたさらなる支援が必要となるであろう．しかし，保育者の存在そのものが，保護者・養育者にとって心強い支えとなり，子育てという個の成長への営みに対する勇気や励ましを与えることができる．こうして築かれた関係性は，保育者としての成長の糧になるであろう．

第2節　「こどもまんなか社会」の子育て支援

　2021（令和3）年12月に，厚生労働省が「地域における保育所・保育士等の在り方に関する検討会　取りまとめ」を発表しており（図1），これを理解しておくことにより，国としての問題意識や方針，保育者への期待の輪郭が分かる．

　「具体的な取組内容」には，多様で複雑化する子育て家庭のニーズに対して，保育所の強みを生かしつつ，関係機関・関連施設と連携し，地域全体で取り組むことができる環境整備の必要性と，それを実現するために考え得る手立てが例示されている．これからの保育者は，その所属する組織の強みを理解し，保護者・養育者への対応において，また，関係機関・関連施設との連携において，それを他者に伝わるよう言語化できるかどうかが，一層問われることとなる．

　では，多様で複雑化する子育て家庭のニーズとは何か．図2は，厚生労働省（2022b）が全国の保育所等（認可保育所，地域型保育所事業者，保育所型認定こども園，幼保連携型認定こども園）に行ったアンケート調査によるものである．発達について特別な支援を必要としている家庭（73.0%），ひとり親家庭（69.3%），アレルギー疾患がある子どもの家庭（69.1%）が高い割合を示しており，外国籍家庭や外国にルーツをもつ家庭（37.7%），虐待が疑われるなど不適切な養育が認められる家庭（35.0%），保護者に身体障害や精神障害がある家庭（34.9%），知的障害のある子どもの家庭

終　章　より良き子育て支援のために　　*137*

政策の方向性

- ●**これまでの国の保育政策は待機児童問題への対応が主軸**. 引き続き「新子育て安心プラン」等による保育需要への対策は実施.
- ●**今後の人口減少社会において，良質な保育を提供し続けることが大きな課題**. 国としても保育政策の大きな柱として位置付ける必要.
- ●同時に，未就園児の養育家庭等への支援を地域の子育て資源が担っていく中で，**特に0〜2歳児への支援に強みを持つ保育所・保育士の役割を強化**.

→保育を必要とする家庭への保育を確実かつ質を伴う形で提供する体制を前提としつつ，個々の保育所の強み・体制等を踏まえた役割分担の下で，他の子育て支援機関等とも連携・協働した上で，多様な保育・子育て支援ニーズを地域全体で受け止める環境整備を行う.
→これらを支える各保育所の体制について，保育士や保育士以外の子育て経験者等で役割分担しながら，他の関係機関と連携・協働していくため，各種事業等での支援や，給付や評価の在り方の見直し，そのための研修体系の構築など，総合的な取組を進めていく.

具体的な取組内容

□ 検討を速やかに開始すべきもの　■ 中長期的な課題

①人口減少地域等における保育所の在り方
- □ 各市区町村が各保育所等の状況を踏まえた役割分担を整理・明確化し，持続可能な保育提供体制づくりを計画的に行う
- □ 統廃合や規模の縮小，多機能化等の事例収集と展開
- □ 人口減少地域で有効活用が期待される制度（公私連携型保育所，社会福祉連携推進法人等）に関する制度周知と多機能化のための改修費支援
- ■ 利用定員区分の適切な設定の周知と細分化等を含む公定価格の見直しの検討　　等

③保育所・保育士による地域の子育て支援
- □ 保育所の地域支援を促進するための情報提供の義務化
- □ 地域の身近な相談先である「かかりつけ相談機関」を保育所が担うためのインセンティブ喚起
- □ 他機関と連携して効果的に地域支援を行う保育所等の実践例の収集・共有，保護者相談への対応手引きの作成
- □ 巡回支援事業等で保育経験者の活用による保育所の地域支援力向上
- ■ 人口減少地域に対応した地域支援の在り方の検討（主任保育士専任加算の要件見直し等）　　等

②多様なニーズを抱えた保護者・子どもへの支援
- □ 子育て負担を軽減する目的（レスパイト・リフレッシュ目的）での一時預かり事業の利用促進や施設見学・ならし預かり等を経た事前登録制度の構築
- □ 保育所に通所していない児童を週1〜2回程度預かるモデル事業やICT等を活用した急な預かりニーズへの対応
- □ 保育所と児童発達支援との一体的な支援（インクルーシブ保育）を可能とするための規制の見直し
- ■ 一時預かり事業を通じた保護者への相談対応などの寄り添い型の支援の実施や，そのための職員研修の検討
- ■ 医療的ケア児，障害児，外国籍児童等対応に係る研修の検討・推進　等

④保育士の確保・資質向上等
- □ 中高生への周知や保育技術の見える化等，保育士の魅力発信
- □ 各種研修の更なるオンライン化の推進
- □ 休憩とは別に，物理的に子どもと離れ各種業務を行う時間（ノンコンタクトタイム）の確保と，そのためのスペース確保の改修費支援
- □ 児童へのわいせつ行為で登録を取り消された者には，再登録の際，厳格な審査を求める等，教員と同等の保育士資格管理の厳格化
- ■ 公的価格評価検討委員会での議論等を踏まえた更なる処遇改善
- ■ へき地医療等も参考にした地域での保育士の定着支援の検討
- ■ 自己評価，第三者評価の実態把握と改善策の検討　　　等

図1　地域における保育所・保育士等の在り方に関する検討会　取りまとめ　概要

（出典）厚生労働省（2021）.

（34.8％）がそれに続く．その他，地域や保育所等によって多岐に渡る家庭の事情が伺える.

　社会的養護では，複雑な家庭状況を抱える子どもや家庭に対応するケースが支援の中心を担っているため，保育実践はソーシャルワーク実践と切り離すことができない．しかし，こうした調査結果から，保育所等においても，多様かつ複雑なケースへ対応する保育者の姿が浮かび上がる．同時にそれは，困難感を抱える家庭の姿でもある．つまり，保育所等における子育て支援では，保育所等を利用する家庭のみならず，地域の子育て家庭も含めて，利用者と必要な情報との橋渡しや相談機能の強化が喫緊の課題となっている.

　このようなケースにおいては，保育所等内部での課題解決には限界がある．内部での連携に加え，保育所等におけるソーシャルワークの価値・機能の探求や，他の関係機関・関連施設における多職種との連携が鍵となる.

　ソーシャルワークは，人と環境との交互作用において生じる生活課題を対象とし，身体的側面，心理的側面，社会的側面（Bio-Psycho-Social）から成る生活全体を捉え，その生活課題が生じた背景や要因のアセスメント，支援計画の作成と実行，実践の評価と編み直しといった過程をたどる．子育て支援においても，生活課題を取り巻く状況が複雑であればあるほど，各側面から丁寧にアセスメントを行うことで，生活課題の深層がより鮮明に浮かび上がってくる.

　保育者，とりわけ児童福祉施設の保育士は，保育職だけでなく福祉職としての顔を持っている．子どもと保護者・養育者とともに伴走する実践者として，保育士倫理ならびにソーシャルワークの価値と倫理が根底にあることを忘れてはならない．そして，子どもの育ちを分かち合うためには，

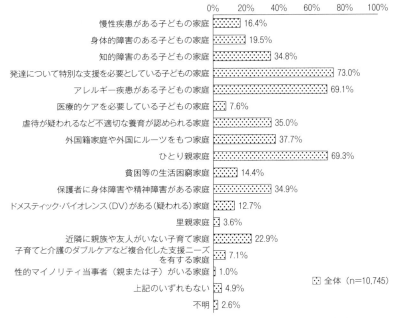

図2　特別な支援を要する家庭や支援が必要と思われる家庭

(注1)「性的マイノリティ当事者」を指す表現としては,「LGBT」「LGBTQ」等の表現を用いる場合もあるが, 使用する表現には, 当事者を含め統一的な見解はなく, また「LGBTQ」に分類されない人もいることから, 本調査では,「令和元年度　厚生労働省委託事業　職場におけるダイバーシティ推進事業報告書」等で用いられている「性的マイノリティ」という表現を用いている.
(注2)複数回答のため, 個々の数値の合計は100%と一致しない. 以下同様.
(出典)厚生労働省(2022b).

子育て支援を保育者の側からのみで捉えるのではなく, 子どもと子育て当事者の側にできるかぎり目線を合わせ, そのウェルビーイングを実現するために保育者としてどのように貢献できるかといった視点が不可欠である.「寄り添う」ということは, こうした保育者の姿勢や態度にこそ表れる.

　従前より保育現場における様々な問題が取りざたされてきたが, 2022（令和4）年11月に静岡県裾野市で発覚した保育所の事案（静岡県裾野市健康福祉部こども未来課, 2022）を始め, 近年, クローズアップされる不適切保育に関する報道は, 保育への信頼を揺るがし, 保護者・養育者の不安を煽る事態となっている. 実践現場に携わる多くの保育者は, 子どもの権利を守るために, 創意工夫し, より豊かな保育環境を実現するために日々努力しているにもかかわらず, である.

　子育て支援を実りあるものにするためには, 保護者・養育者の保育者への信頼感と安心感が必要である. そのためにも, 保育者としてのスキルアップと同時に, 保育者自身も安心して職務に従事することができるような職場環境や処遇改善が求められる. 社会的にどのように働きかければ, 保育の魅力や保育者としての働き甲斐がよりよく伝わるのか,「こどもまんなか社会」の実現に向けてその理念を共有し, 子ども・子育て支援のためにともに手を携え合える地域社会でありたい.

第3節　保育者がもつべき子育て支援の視点とその専門性

　第1節および第2節では子ども・子育て支援をめぐる近年の動きを追ったが，こうした動きの中で，真の「こどもまんなか社会」の実現に向けて，子育て支援の担い手となる保育者にはどのような態度・役割が求められるのか，ここで改めて確認しておきたい．

　「保育所保育指針解説」（厚生労働省，2018）の「第4章　子育て支援」では，「保護者と連携して子どもの育ちを支える視点」として，次のような記述がある．

保育所保育指針解説
第4章　子育て支援—保護者と連携して子どもの育ちを支える視点

　保護者に対する子育て支援に当たっては，保育士等が保護者と連携して子どもの育ちを支える視点をもって，子どもの育ちの姿とその意味を保護者に丁寧に伝え，子どもの育ちを保護者と共に喜び合うことを重視する．保護者の養育する姿勢や力の発揮を支えるためにも，保護者自身の主体性，自己決定を尊重することが基本となる．

　そのため，子育て支援を行うに当たっては，子どもと保護者の関係，保護者同士の関係，子どもや保護者と地域の関係を把握し，それらの関係性を高めることが保護者の子育てや子どもの成長を支える大きな力になることを念頭に置いて，働きかけることが大切である．

　同指針解説では，保育者に求められる知識・技術として次の6点をあげており（第1章　総則—1．保育所保育に関する基本原則—（1）保育所の役割），これに，保育者としての倫理観に基づく判断を加えて，援助・配慮が実践される（※下線は筆者）．

保育所保育指針解説
第1章　総則—1．保育所保育に関する基本原則—（1）保育所の役割

①これからの社会に求められる資質を踏まえながら，乳幼児期の子どもの発達に関する専門的知識を基に子どもの育ちを見通し，一人一人の子どもの発達を援助する知識及び技術
②子どもの発達過程や意欲を踏まえ，子ども自らが生活していく力を細やかに助ける生活援助の知識及び技術
③保育所内外の空間や様々な設備，遊具，素材等の物的環境，自然環境や人的環境を生かし，保育の環境を構成していく知識及び技術
④子どもの経験や興味や関心に応じて，様々な遊びを豊かに展開していくための知識及び技術
⑤子ども同士の関わりや子どもと保護者の関わりなどを見守り，その気持ちに寄り添いながら適宜必要な援助をしていく関係構築の知識及び技術
⑥保護者等への相談，助言に関する知識及び技術

　このうち，①から⑤までは保育者が日々の保育実践において基盤となる知識や技術を示しており，これらは保護者・養育者への子育て支援（⑥）においても同様に活用される．

　送迎や家庭訪問，保護者懇談会などの場面では，保護者・養育者の心情に寄り添い，感情を受けとめることが求められる．こうしたことは，相互理解や子ども理解をより深める契機となる．保育参観や季節ごとの行事に参加することで，成長した子どもの姿や子ども同士の関係性に触れるだけではなく，保護者間の相互交流を深めたり，共感性を高めたりすることにもつながる．園内の掲示

物や展示物，連絡帳や保護者へのおたよりなど，間接的な手段を通じて子どもの姿や保育者の願いなどを伝えることができる．

　また，地域の子育て家庭に対しては，保育体験や園庭開放などの実施を通じて，相談につながる場合もある．これら全てが，保育者の専門性を生かした子育て支援の手立てとなる．

　このように，子どもの保育を行う環境を通して子育て支援に結び付けていくことは，同時に，日々の保育を見直すきっかけにもなり，保育の質の向上につながる相乗効果を期待することができる．

　さて，社会的養護においても，入所児童およびその家庭への支援だけではなく，これまで施設が地域資源として培ってきた専門的知見を生かし，地域の保護者・養育者への相談・助言や地域の関係機関・関連施設のネットワークに対する支援を担うことが期待されている．「児童養護施設運営ハンドブック」（厚生労働省　雇用均等・児童家庭局　家庭福祉課，2014（平成26）年3月）では，家庭への支援について次のように述べられる．

児童養護施設運営ハンドブック
第Ⅰ部　総論5．養育のあり方の基本―（4）家族と退所者への支援（抜粋）
《運営指針の解説》
　児童養護施設はこれまで，保護された子どもの養育と自立のための支援を目的としていました．これに加えて，保護される前の家庭支援，つまり，親子分離に至らないように支援することが求められています．今日の児童養護施設は，子どもにとって何が最善であるかを念頭に置き，その家庭も支援の対象としなければならないのです．子育てが，家族だけで抱え込むことによって疲弊してしまわないように，社会全体で子育てをすることができるように，多くの資源を活用し，みんなで支援する協働して行う子育てを目指します．

　誰もが最初から「父親」や「母親」の肩書を背負って生まれるわけではなく，「親」としての道のりは一歩ずつ歩んでいくものである．保護者・養育者もまた，子どもが日に日に発達していく姿や自分を見つめる眼差しに触れていく中で，慈しみ深い心情が育まれ，「この子のために何かしたい」「この子のとびっきりの笑顔が見たい」という思いが一層高まっていく．保護者・養育者もまた，子どもとともに育ち，成長していく存在である．その相互作用から，保育者もまた，日々学び，関係性を活力に変えて，成長していくことができるのである．

（渡邊慶一）

付　　録

ソーシャルワーク専門職のグローバル定義

　ソーシャルワークは，社会変革と社会開発，社会的結束，および人々のエンパワメントと解放を促進する，実践に基づいた専門職であり学問である．社会正義，人権，集団的責任，および多様性尊重の諸原理は，ソーシャルワークの中核をなす．ソーシャルワークの理論，社会科学，人文学，および地域・民族固有の知[1]を基盤として，ソーシャルワークは，生活課題に取り組みウェルビーイングを高めるよう，人々や様々な構造に働きかける[2]．

　この定義は，各国および世界の各地域で展開してもよい[3]．

....

注　釈
　注釈は，定義に用いられる中核概念を説明し，ソーシャルワーク専門職の中核となる任務・原則・知・実践について詳述するものである．

中核となる任務
　ソーシャルワーク専門職の中核となる任務には，社会変革・社会開発・社会的結束の促進，および人々のエンパワメントと解放がある．

　ソーシャルワークは，相互に結び付いた歴史的・社会経済的・文化的・空間的・政治的・個人的要素が人々のウェルビーイングと発展にとってチャンスにも障壁にもなることを認識している，実践に基づいた専門職であり学問である．構造的障壁は，不平等・差別・搾取・抑圧の永続につながる．人種・階級・言語・宗教・ジェンダー・障害・文化・性的指向などに基づく抑圧や，特権の構造的原因の探求を通して批判的意識を養うこと，そして構造的・個人的障壁の問題に取り組む行動戦略を立てることは，人々のエンパワメントと解放をめざす実践の中核をなす．不利な立場にある人々と連帯しつつ，この専門職は，貧困を軽減し，脆弱で抑圧された人々を解放し，社会的包摂と社会的結束を促進すべく努力する．

　社会変革の任務は，個人・家族・小集団・共同体・社会のどのレベルであれ，現状が変革と開発を必要とするとみなされる時，ソーシャルワークが介入することを前提としている．それは，周縁化・社会的排除・抑圧の原因となる構造的条件に挑戦し変革する必要によって突き動かされる．社会変革のイニシアチブは，人権および経済的・環境的・社会的正義の増進において人々の主体性が果たす役割を認識する．また，ソーシャルワーク専門職は，それがいかなる特定の集団の周縁化・排除・抑圧にも利用されない限りにおいて，社会的安定の維持にも等しく関与する．

　社会開発という概念は，介入のための戦略，最終的にめざす状態，および（通常の残余的および制度的枠組に加えて）政策的枠組などを意味する．それは，（持続可能な発展をめざし，ミクロ－マクロの区分を超えて，複数のシステムレベルおよびセクター間・専門職間の協働を統合するような）全体的，生物—心理—社会的，お

およびスピリチュアルなアセスメントと介入に基づいている．それは社会構造的かつ経済的な開発に優先権を与えるものであり，経済成長こそが社会開発の前提条件であるという従来の考え方には賛同しない．

原　則

ソーシャルワークの大原則は，人間の内在的価値と尊厳の尊重，危害を加えないこと，多様性の尊重，人権と社会正義の支持である．

人権と社会正義を擁護し支持することは，ソーシャルワークを動機づけ，正当化するものである．ソーシャルワーク専門職は，人権と集団的責任の共存が必要であることを認識する．集団的責任という考えは，一つには，人々がお互い同士，そして環境に対して責任をもつ限りにおいて，はじめて個人の権利が日常レベルで実現されるという現実，もう一つには，共同体の中で互恵的な関係を確立することの重要性を強調する．したがって，ソーシャルワークの主な焦点は，あらゆるレベルにおいて人々の権利を主張すること，および，人々が互いのウェルビーイングに責任をもち，人と人の間，そして人々と環境の間の相互依存を認識し尊重するように促すことにある．

ソーシャルワークは，第一・第二・第三世代の権利を尊重する．第一世代の権利とは，言論や良心の自由，拷問や恣意的拘束からの自由など，市民的・政治的権利を指す．第二世代の権利とは，合理的なレベルの教育・保健医療・住居・少数言語の権利など，社会経済的・文化的権利を指す．第三世代の権利は自然界，生物多様性や世代間平等の権利に焦点を当てる．これらの権利は，互いに補強し依存しあうものであり，個人の権利と集団的権利の両方を含んでいる．

「危害を加えないこと」と「多様性の尊重」は，状況によっては，対立し，競合する価値観となることがある．例えば，女性や同性愛者などのマイノリティの権利（生存権さえも）が文化の名において侵害される場合などである．『ソーシャルワークの教育・養成に関する世界基準』は，ソーシャルワーカーの教育は基本的人権アプローチに基づくべきと主張することによって，この複雑な問題に対処しようとしている．そこには以下の注が付されている．

文化的信念，価値，および伝統が人々の基本的人権を侵害するところでは，そのようなアプローチ（基本的人権アプローチ）が建設的な対決と変化を促すかもしれない．そもそも文化とは社会的に構成されるダイナミックなものであり，解体され変化しうるものである．そのような建設的な対決，解体，および変化は，特定の文化的価値・信念・伝統を深く理解した上で，人権という（特定の文化よりも）広範な問題に関して，その文化的集団のメンバーと批判的で思慮深い対話を行うことを通して促進されうる．

知

ソーシャルワークは，複数の学問分野をまたぎ，その境界を超えていくものであり，広範な科学的諸理論および研究を利用する．ここでは，「科学」を「知」というそのもっとも基本的な意味で理解したい．ソーシャルワークは，常に発展し続ける自らの理論的基盤および研究はもちろん，コミュニティ開発・全人的教育学・行政学・人類学・生態学・経済学・教育学・運営管理学・看護学・精神医学・心理学・保健学・社会学など，他の人間諸科学の理論をも利用する．ソーシャルワークの研究と理論の独自性は，その応用性と解放志向性にある．多くのソーシャルワーク研究と理論は，サービス利用者との双方向性のある対話

的過程を通して共同で作り上げられてきたものであり，それゆえに特定の実践環境に特徴づけられる．

　この定義は，ソーシャルワークは特定の実践環境や西洋の諸理論だけでなく，先住民を含めた地域・民族固有の知にも拠っていることを認識している．植民地主義の結果，西洋の理論や知識のみが評価され，地域・民族固有の知は，西洋の理論や知識によって過小評価され，軽視され，支配された．この定義は，世界のどの地域・国・区域の先住民たちも，その独自の価値観および知を作り出し，それらを伝達する様式によって，科学に対して計り知れない貢献をしてきたことを認めるとともに，そうすることによって西洋の支配の過程を止め，反転させようとする．ソーシャルワークは，世界中の先住民たちの声に耳を傾け学ぶことによって，西洋の歴史的な科学的植民地主義と覇権を是正しようとする．こうして，ソーシャルワークの知は，先住民の人々と共同で作り出され，ローカルにも国際的にも，より適切に実践されることになるだろう．国連の資料に拠りつつ，IFSW は先住民を以下のように定義している．

　　・地理的に明確な先祖伝来の領域に居住している（あるいはその土地への愛着を維持している）．

　　・自らの領域において，明確な社会的・経済的・政治的制度を維持する傾向がある．

　　・彼らは通常，その国の社会に完全に同化するよりも，文化的・地理的・制度的に独自であり続けることを望む．

　　・先住民あるいは部族というアイデンティティをもつ．

http：ifsw.org/policies/indigenous-peoples

実　践

　ソーシャルワークの正統性と任務は，人々がその環境と相互作用する接点への介入にある．環境は，人々の生活に深い影響を及ぼすものであり，人々がその中にある様々な社会システムおよび自然的・地理的環境を含んでいる．ソーシャルワークの参加重視の方法論は，「生活課題に取り組みウェルビーイングを高めるよう，人々や様々な構造に働きかける」という部分に表現されている．ソーシャルワークは，できる限り，「人々のために」ではなく，「人々とともに」働くという考え方をとる．社会開発パラダイムにしたがって，ソーシャルワーカーは，システムの維持あるいは変革に向けて，様々なシステムレベルで一連のスキル・テクニック・戦略・原則・活動を活用する．ソーシャルワークの実践は，様々な形のセラピーやカウンセリング・グループワーク・コミュニティワーク，政策立案や分析，アドボカシーや政治的介入など，広範囲に及ぶ．この定義が支持する解放促進的視角からして，ソーシャルワークの戦略は，抑圧的な権力や不正義の構造的原因と対決しそれに挑戦するために，人々の希望・自尊心・創造的力を増大させることをめざすものであり，それゆえ，介入のミクロ−マクロ的，個人的−政治的次元を一貫性のある全体に統合することができる．ソーシャルワークが全体性を指向する性質は普遍的である．しかしその一方で，ソーシャルワークの実践が実際上何を優先するかは，国や時代により，歴史的・文化的・政治的・社会経済的条件により，多様である．

　この定義に表現された価値や原則を守り，高め，実現することは，世界中のソーシャルワーカーの責任である．ソーシャルワーカーたちがその価値やビジョンに積極的に関与することによってのみ，ソーシャルワークの定義は意味をもつのである．

※「IFSW 脚注」

2014年7月6日の IFSW 総会において，IFSW は，スイスからの動議に基づき，ソーシャルワークのグローバル定義に関して以下の追加動議を可決した.

IFSW 総会において可決された，ソーシャルワークのグローバル定義に関する追加動議

「この定義のどの一部分についても，定義の他の部分と矛盾するような解釈を行わないものとする」

「国・地域レベルでの『展開』は，この定義の諸要素の意味および定義全体の精神と矛盾しないものとする」

「ソーシャルワークの定義は，専門職集団のアイデンティティを確立するための鍵となる重要な要素であるから，この定義の将来の見直しは，その実行過程と変更の必要性を正確に吟味した上ではじめて開始されるものでなければならない. 定義自体を変えることを考える前に，まずは注釈を付け加えることを検討すべきである.」

==

2014年7月メルボルンにおける国際ソーシャルワーカー連盟（IFSW）総会及び国際ソーシャルワーク学校連盟（IASSW）総会において定義を採択. 日本語定義の作業は社会福祉専門職団体協議会と（一社）日本社会福祉教育学校連盟が協働で行った. 2015年2月13日，IFSW としては日本語訳，IASSW は公用語である日本語定義として決定した.

> 社会福祉専門職団体協議会は，（NPO）日本ソーシャルワーカー協会，（公社）日本社会福祉士会，（公社）日本医療社会福祉協会，（公社）日本精神保健福祉士協会で構成され，IFSW に日本国代表団体として加盟しています.

注
1）「地域・民族固有の知（indigenous knowledge）」とは，世界各地に根ざし，人々が集団レベルで長期間受け継いできた知を指している. 中でも，本文注釈の「知」の節を見ればわかるように，いわゆる「先住民」の知が特に重視されている.
2）この文の後半部分は，英語と日本語の言語的構造の違いから，簡潔で適切な訳出が非常に困難である. 本文注釈の「実践」の節で，ここは人々の参加や主体性を重視する姿勢を表現していると説明がある. これを加味すると，「ソーシャルワークは，人々が主体的に生活課題に取り組みウェルビーイングを高められるよう人々に関わるとともに，ウェルビーイングを高めるための変革に向けて人々とともに様々な構造に働きかける」という意味合いで理解すべきであろう.
3）今回，各国および世界の各地域（IFSW/IASSW は，世界をアジア太平洋，アフリカ，北アメリカ，南アメリカ，ヨーロッパという五つの地域＝リージョンに分けている）は，このグローバル定義を基に，それに反しない範囲で，それぞれの置かれた社会的・政治的・文化的状況に応じた独自の定義を作ることができることとなった. これによって，ソーシャルワークの定義は，グローバル（世界）・リージョナル（地域）・ナショナル（国）という三つのレベルをもつ重層的なものとなる.

〈https://www.jacsw.or.jp/citizens/kokusai/IFSW/documents/SW_teigi_japanese.pdf〉（2025年2月7日確認）.

全国保育士会倫理綱領

　すべての子どもは，豊かな愛情のなかで心身ともに健やかに育てられ，自ら伸びていく無限の可能性を持っています。

　私たちは，子どもが現在(いま)を幸せに生活し，未来(あす)を生きる力を育てる保育の仕事に誇りと責任をもって，自らの人間性と専門性の向上に努め，一人一人の子どもを心から尊重し，次のことを行います。

　　私たちは，子どもの育ちを支えます。

　　私たちは，保護者の子育てを支えます。

　　私たちは，子どもと子育てにやさしい社会をつくります。

(子どもの最善の利益の尊重)

1. 私たちは，一人一人の子どもの最善の利益を第一に考え，保育を通してその福祉を積極的に増進するよう努めます。

(子どもの発達保障)

2. 私たちは，養護と教育が一体となった保育を通して，一人一人の子どもが心身ともに健康，安全で情緒の安定した生活ができる環境を用意し，生きる喜びと力を育むことを基本として，その健やかな育ちを支えます。

(保護者との協力)

3. 私たちは，子どもと保護者のおかれた状況や意向を受けとめ，保護者とより良い協力関係を築きながら，子どもの育ちや子育てを支えます。

(プライバシーの保護)

4. 私たちは，一人一人のプライバシーを保護するため，保育を通して知り得た個人の情報や秘密を守ります。

(チームワークと自己評価)

5. 私たちは，職場におけるチームワークや，関係する他の専門機関との連携を大切にします。

　　また，自らの行う保育について，常に子どもの視点に立って自己評価を行い，保育の質の向上を図ります。

(利用者の代弁)

6. 私たちは，日々の保育や子育て支援の活動を通して子どものニーズを受けとめ，子どもの立場に立ってそれを代弁します。

　　また，子育てをしているすべての保護者のニーズを受けとめ，それを代弁していくことも重要な役割と考え，行動します。

(地域の子育て支援)

7. 私たちは，地域の人々や関係機関とともに子育てを支援し，そのネットワークにより，地域で子どもを育てる環境づくりに努めます。

(専門職としての責務)

8. 私たちは，研修や自己研鑽を通して，常に自らの人間性と専門性の向上に努め，専門職としての責務を果たします。

社会福祉法人　全国社会福祉協議会
全国保育協議会
全国保育士会

おわりに

　本書は保育者をめざす学生が保護者支援や子育て支援を行うために必要な知識や技術，価値を学ぶためのテキストとして通算8冊目となる．

これまでのテキスト刊行・改訂の流れ

No.	書名	発行年	監修者	編者	テキスト刊行・改訂の経緯
1	社会福祉援助技術：保育・介護を学ぶ人々のために	2008（平成20）		西尾祐吾 末廣貴生子	・"実証的（実践現場で役立つ理論と方法）"というキーワードをベースに，保育現場の実践事例と実践理論をクロスさせた内容の書籍を作成する目的で刊行された
2	保育における相談援助・相談支援 ～いま保育者に求められるもの～	2011（平成23）	西尾祐吾	安田誠人 立花直樹	・2011（平成23）年の保育士養成カリキュラム改定により「社会福祉援助技術」から「相談援助」「保護者支援」の2科目へ変更された
3	保育現場で役立つ相談援助・相談支援	2013（平成25）	西尾祐吾	立花直樹 安田誠人	・2011（平成23）年5月に児童虐待防止及び児童の権利保護の観点から親権の停止制度の新設や法人又は複数の未成年後見人の選任を認めるなどの内容に関連する民法および児童福祉法が一部改正された
4	保育の質を高める相談援助・相談支援	2015（平成27）	西尾祐吾	立花直樹 安田誠人 波田埜英治	・2015（平成27）年に子ども・子育て支援新制度が施行され，従来の保育所・幼稚園に加えて幼保連携型認定こども園が誕生し，小規模保育をはじめ地域の実情に合わせた地域型保育など保育施設の多様化が進んだ
5	保育実践を深める相談援助・相談支援	2017（平成29）	西尾祐吾	立花直樹 安田誠人 波田埜英治	・2016（平成28）年に児童福祉法が抜本的に改正され，保育現場及び保育研究領域において保育ソーシャルワークへの関心が高まった
6	保育者の協働性を高める「子ども家庭支援論」「子育て支援」	2019（平成31/令和元）	西尾祐吾	立花直樹 安田誠人 波田埜英治	・2018（平成30）年に保育所保育指針が改定された ・2019年の保育士養成カリキュラム改定により「相談援助」「保育相談支援」「家庭支援論」が「子ども家庭支援論」「子育て支援」「子ども家庭支援の心理学」へ変更された
7	子どもと保護者に寄り添う子育て支援	2022（令和4）	立花直樹 安田誠人	渡邊慶一 河野清志 丸目満弓 明柴聰史	・前冊の3科目が1冊にまとめられていることは系統的・包括的に学べる良さがある反面，学生の負担軽減など読み手の利便性をはかるために各科目に関するテキストを3冊に分冊した
8	こどもまんなか社会に活かす「子育て支援」	2025（令和7）	立花直樹 渡邊慶一	丸目満弓 河野清志 中典子 明柴聰史	・2023（令和5）年のこども家庭庁創設により，子どもや保護者をとりまく仕組みが大きく変化した ・様々な子どもや保護者に関わる法律が創設・改正された（例：こども基本法，女性支援新法の成立，改正児童福祉法，改正障害者総合支援法，改正子ども・子育て支援法など）

　社会の変化，人々の生活の変化に応じて子どもや保護者をとりまく生活も変化し，支援ニーズも変化する．それに伴い子どもの育ちや保護者を支える法律および支援システムの仕組みが創設されたり改正されたりする．さらにその子どもや保護者に最も近い専門職である保育者にとって拠り所となる保育所保育指針，そして保育士養成課程も連動して改正される．

　特に，今回は2023（令和5）年のこども家庭庁発足にともない，スローガンとして「こどもまんなか社会」が掲げられたことが，テキストのタイトルにも色濃く反映されている．厚生労働省，文

部科学省，内閣府ほか各府省庁で管轄が分かれていた縦割りの弊害を解消・是正すべく，虐待やいじめ，ひとり親家庭，ヤングケアラーなど困難を抱える子どもや家庭支援を一元的に担う組織の誕生は，かつてない転換点といえる．

また2024（令和6）年，改正子ども・子育て支援法等が可決・成立し，同世代の子どもに関わる機会を得て子どもの発達を促す子どもの観点，子育ての負担の軽減や孤独感の解消につながる保護者の観点，そして少子化に対応できるこれからの保育所等のあり方を見直す保育者の観点などから「こども誰でも通園制度」の本格実施もみえてきた．歴史的に保育所が子どもの福祉と就労する保護者を支えるために誕生した経緯から考えると，全てのこどもが保育所等を利用できる仕組みができることもまた大きな転換点といえる．

このテキストは，保育者をめざす学生にとって，最新の知識や技術を得られるだけでなく，時代や社会が変化しても変わらない価値と，一方で子どもや保護者の変化に応じて変えていくべき価値の両方がこのテキストには込められている．

その変わらない価値を教えてくださったのは，1冊目から5冊目まで導いてくださった西尾祐吾先生である．立花先生，安田先生をはじめ編者や執筆者のなかには勉強会方式など西尾先生から懇切丁寧に教えを受けた者も多く，今も懐かしく思い出される．

そしてその精神を脈々と受け継ぎながらも，目まぐるしく変わる保育士養成のあり方をいち早く見通し，編者や執筆者に進む方向性を指し示してくださる存在が監修者の立花直樹先生である．立花先生の情熱なくしてこれら一連テキストは完成しなかったことに，どれだけ言葉を尽くしても感謝の気持ちは伝えきれない．今回は前書にてともに編者であった渡邊慶一先生が監修者となり，西尾先生の弟子であった中典子が編者として新たに加わった．そして引き続き河野清志，明柴聡史，丸目満弓が編者を務めさせていただいた．執筆者は，西尾先生や立花先生の保育者養成に感銘・共鳴した同じ志のもとに前書からご参加くださっている方，新たに執筆に参加くださっている方など多岐にわたっている．

学びを深めるための工夫として各章末にワークが設けられ，テキストを用いて授業を行う際に担当教員の参考資料としてワークの解説がダウンロードできることも，本書を含む本テキストシリーズ（子ども家庭支援論，子ども家庭支援の心理学）の大きな特徴である．大学・短期大学・専門学校等の専門職養成に携わられている方，保育現場の経験豊かな方，多様な立場から執筆いただいたことで，"あるべき論"が語られるだけでなく，現場で起こる様々なジレンマに対していかに向かい合うべきかを示す，非常に示唆に富んだものとなっている．このような素晴らしいテキストが完成できたのも執筆者の先生方のおかげであり，改めて厚く御礼申し上げる次第である．

末筆になるが，本書の発刊に際して多大なるご支援とご助言をいただいた晃洋書房社長の萩原淳平氏，企画段階からともに意見交換を行い，編者の各打ち合わせに同席し，細やかにサポートくださった編集部部長の西村喜夫氏，ならびに編集部の福地成文氏に心からの感謝を申し上げたい．

2025年3月

編者　丸目満弓・河野清志・中典子・明柴聡史

参 考 文 献

青井夕貴（2019）「保育者の資質向上とスーパービジョン」，西尾祐吾監修，立花直樹・安田誠人・波田埜英治編『保育者の協働性を高める子ども家庭支援・子育て支援』晃洋書房.

秋田喜代美（2023）「こどもまんなか社会が目指す方向性——こども基本法の理念を自分事に——」『発達』175.

浅井春夫（2003）『子どもの権利と「保育の質」保育問題最前線からの提起』かもがわ出版.

阿比留久美（2022）『子どものための居場所論　異なることが豊かさになる』かもがわ出版.

阿部彩（2008）『子どもの貧困』岩波書店（岩波新書）.

石田慎二（2020）「職員間の連携・協働」，児童育成協会監修，西村重稀・青井夕貴編『子育て支援』中央法規出版.

伊集院要（2017）『ばっちゃん——子どもたちの居場所．広島のマザー・テレサ——』扶桑社.

伊藤葉子（2007）「アメリカにおける中・高校生を対象としたペアレンティングプログラムの検討」『千葉大学教育学部研究紀要』55.

今井和子・近藤幹夫監修（2020）『保護者支援・子育て支援』ミネルヴァ書房.

今井悠介（2024）『体験格差』講談社.

岩間伸之（2008）『対人援助のための相談面接技術』中央法規出版.

岩間文雄編著（2006）『ソーシャルワーク記録の研究と実際』相川書房.

上間陽子（2017）『裸足で逃げる　沖縄の夜の街の少女たち』太田出版.

榎本淳・渡邉彩（2024）『子育てあるある往復書簡　歩いてみたら，道でした．』Amazon.

大日向雅美（2002）「発達心理学の立場から（特別企画　育児不安：育児不安とは何か——その定義と背景）」『こころの科学』（日本評論社），103.

大日向雅美（2013）『みんなママのせい？　子育てが苦しくなったら読む本』静山社.

岡本民夫（1988）『福祉職員——研修のすすめ方——』全国社会福祉協議会.

笠師千恵（2014）「相談援助の方法と技術（1）」，笠師千恵・小橋明子『相談援助　保育相談支援』中山書店.

門田光司・鈴木庸裕編（2012）『学校ソーシャルワーク演習』ミネルヴァ書房.

亀崎美沙子（2021）「外国にルーツをもつ子育て家庭への支援」，橋本真紀・鶴宏史編著『よくわかる子ども家庭支援論』ミネルヴァ書房.

ガルブレイス，J.（1980）『横断組織の設計——マトリックス組織の調整機能と効果的運用——』梅津祐良訳，ダイヤモンド社.

木脇奈智子（2020）「職員間の連携と協働」，小橋明子監修，木脇奈智子編『子育て支援』中山書店.

倉石哲也（2018）『保育現場の子ども虐待対応マニュアル　予防から発見・通告・支援のシステムづくり』中央法規出版.

倉石哲也・鶴宏史（2019）『保育ソーシャルワーク』ミネルヴァ書房.

黒沢幸子編（2012）『ワークシートでブリーフセラピー』ほんの森出版.

桑田左絵・神尾陽子（2004）「発達障害児をもつ親の障がい受容過程についての文献的研究」『九州大学心理学研究』5.

厚生労働省（2008）『保育所保育指針解説書』フレーベル館.

厚生労働省（2017）『保育所保育指針（平成29年告示）』フレーベル館.

厚生労働省編（2018）『保育所保育指針解説（平成30年3月）』フレーベル館.

佐伯胖（2007）『共感　育ち合う保育のなかで—』ミネルヴァ書房.

品川ひろみ（2022）「乳幼児に関わる課題：保育所を中心に」，荒牧重人・榎井縁・江原裕美・小島祥美・志水宏吉・南野奈津子・宮島喬・山野良一編『外国人の子ども白書——権利・貧困・教育・文化・国籍と共生の視点から——第2版』明石書店.

末冨芳・桜井啓太（2021）『子育て罰「親子に冷たい日本」を変えるには』光文社（光文社新書）.

杉崎雅子（2021）『スギ先生と考える子ども家庭支援の心理学』萌文書林.

鈴木彬子（2018）「職員間の連携・協働」，長島和代・石丸るみ・前原寛・鈴木彬子・山内陽子『日常の保育を基盤とした子育て支援——子どもの最善の利益を護るために——』萌文書林.

全国保育士会（2018）『全国保育士会倫理綱領ガイドブック』.

武田信子（2018）『保育者のための子育て支援ガイドブック　専門性を活かした保護者へのサポート』中央法規出版.

立花直樹・安田誠人監修，渡邊慶一・河野清志・丸目満弓・明柴聰史編（2022）『子どもと保護者に寄り添う「子育て支援」』晃洋書房.

辰巳隆（2000）「21世紀に向けて児童養護施設が求めている人材」『聖和大学論集』28.

タフ，ポール（2017）『私たちは子どもに何ができるのか——非認知能力を育み，格差に挑む——』高山真由美訳，英治出版.

WPコーダ子育て支援（2022）『コーダについて　聞こえない親を持つ聞こえる子ども』.

土谷みち子（2021）「子育て支援における「大切なこと」」，土谷みち子編著『これからの保育シリーズ9　今，もっとも必要なこれからの子ども・子育て支援』風鳴舎.

寺田千栄子（2020）『LGBTQの子どもへの学校ソーシャルワーク』明石書店.

友田明美（2017）『子どもの脳を傷つける親たち』NHK出版.

富山県子ども支援課（2020）『富山県子ども虐待防止ハンドブック』.

ドラッカー，P. F.（1995）『「新訳」創造する経営者』上田惇生訳，ダイヤモンド社.

内閣府（2022）『男女共同参画白書　令和4年版』.

内閣府男女共同参画局（2021）「特集1　アンコンシャス・バイアスへの気づきは，ひとりひとりがイキイキと活躍する社会への第一歩」『共同参画』5月号.

内閣府・文部科学省・厚生労働省（2018）『幼保連携型認定こども園教育・保育要領解説』フレーベル館

直島正樹（2023）「インクルーシブ保育に関わる制度・政策及び保育者の意識・専門性をめぐる現状と課題——障害児と家族の生きづらさ解消の観点から——」『相愛大学研究論集』39.

中垣昌美（1970）「施設の中の人間関係」『近代化研究』24，大阪府社会福祉協議会.

長島和代・石丸るみ・前原寛・鈴木彬子・山内洋子（2018）『日常の保育を基盤とした子育て支援——子どもの最善の利益を護るために——』萌文書林.

中谷奈津子・鶴宏史・関川芳孝編著（2021）『保育所等の子ども家庭支援の実態と展望困難　家庭を支えるための組織的アプローチ』中央法規出版.

中坪史典・山下文一・松井剛太・伊藤嘉余子・立花直樹編集委員（2021）『保育・幼児教育・子ども家庭福祉辞典』ミネルヴァ書房.

中典子（2022）「職員間の連携・協働」，立花直樹・安田誠人監修，渡邊慶一・河野清志・丸目満弓・明柴

聡史編『子どもと保護者に寄り添う「子育て支援」』晃洋書房.

仲村優一・岡村重夫他編（1988）『現代社会福祉事典』全国社会福祉協議会.

成田雅美（2016）「特別な配慮を要する子どもの食と栄養」，児童育成協会監修，堤ちはる・藤澤由美子編『子どもの食と栄養』中央法規出版.

新村出編（2018）『広辞苑　第七版』岩波書店.

西尾祐吾他編（2005）『ソーシャルワークの固有性を問う』晃洋書房.

西川ひろ子・西まゆみ・山本文枝（2022）「感覚過敏傾向がある子どもへの保育室におけるユニバーサルデザインを用いた支援」『安田女子大学大学院紀要』27.

西澤哲（1994）『子どもの虐待　子ども家族へのアプローチ』誠信書房.

二宮祐子（2018）『子育て支援　15のストーリーで学ぶワークブック』萌文書林.

日本精神神経学会日本語版用語監修（2023）『DSM-5-TR　精神疾患の診断・統計マニュアル』髙橋三郎・大野裕監訳，医学書院.

根ケ山光一・柏木恵子（2010）「人間の子育てを理解する窓としてのアロマザリング」，根ケ山光一・柏木恵子編著『ヒトの子育ての進化と文化』有斐閣.

バイステック，F. P.（2006）『ケースワークの原則――援助関係を形成する技法　新訳改訂版』尾崎新ほか訳，誠信書房.

バーグ，インスー・キム（2007）『家族支援ハンドブック』磯貝希望久子監訳，金剛出版.

原信夫・松倉佳子・佐藤ちひろ編著（2020a）『子ども家庭支援論』北樹出版.

原信夫・松倉佳子・佐藤ちひろ編著（2020b）『子育て支援「子どもが育つ」をともに支える』北樹出版.

ブーバー，M.（1978）『我と汝・対話』田口義弘訳，みすず書房.

福井千夏（2021）『保護者との信頼関係を促進するための保育者の保護者対応に関する研究』愛知県教育大学修士論文.

福祉・保育小六法編集委員会編（2024）『福祉・保育小六法　2024年版』みらい.

福祉教育カレッジ編（2017）『社会福祉用語事典（第2版）』エムスリーエデュケーション.

福祉臨床シリーズ編集委員会編（2020）『社会福祉シリーズ7　ソーシャルワークの理論と方法Ⅰ（第3版）』弘文堂.

藤後節後・石田祥代・野澤純子（2024）「保育所における外国籍の特別ニーズ児への対応の課題と工夫」『日本社会福祉マネジメント学会誌』4.

嶺井正也（2021）「インクルーシブ教育の原点を確認する」『専修大学教職教育研究』1.

森山至貴（2024）「マジョリティの安心ではなく，マイノリティ権利回復を」『現代用語の基礎知識』自由国民版.

山縣文治・柏女霊峰編（2013）『社会福祉用語辞典（第9版）』ミネルヴァ書房.

吉田眞理（2019）『生活事例からはじめる子育て支援』青踏社.

吉田航（2024）「結婚・出産がもたらす女性内賃金格差の規定要因――働き方の分布と報酬による要因分解――」『人口問題研究』80（2）.

米澤好史（2019）『愛着障害・愛着の問題を抱えるこどもをどう理解し，どう支援するか？　アセスメントと具体的支援のポイント51』福村出版.

渡邉彩（2021）「新潟市の放課後に関する事業の現状と課題――住民自治としての子どもの育ち・学び保障――」『暁星論叢』72.

渡邉彩（2023）「新潟市乳児期家庭教育『ゆりかご学級』における当事者研究の実践報告」『暁星論叢』75.

渡邊慶一（2022）「子どもの保育とともに行う保護者の支援」，立花直樹・安田誠人監修，渡邊慶一・河野
　　清志・丸目満弓・明柴聰史編『子どもと保護者に寄り添う「子育て支援」』晃洋書房．

渡邊慶一（2024）「保育士養成課程における専門職連携教育の考え方と社会福祉教育の課題」『京都文教短
　　期大学研究紀要』62．

渡辺顕一郎（2018）「子育て支援における基本的視点」，渡辺顕一郎・橋本真紀『詳解　地域子育て支援拠
　　点ガイドラインの手引　第3版』中央法規出版．

渡辺弥生（2019）『感情の正体──発達心理学で気持ちをマネジメントする──』筑摩書房．

厚生労働省（2017）「保育所保育指針（平成29年03月31日厚生労働省告示第117号）」〈https://www.mhlw.
　　go.jp/file/05-Shingikai-11921000-Kodomokateikyoku-Soumuka/s1.pdf〉2024年8月19日アクセス．

厚生労働省（2018a）「保育所保育指針解説」〈https://www.cfa.go.jp/assets/contents/node/basic_page/field
　　_ref_resources/e4b817c9-5282-4ccc-b0d5-ce15d7b5018c/36b55701/20231016_policies_hoiku_66.pdf〉2024
　　年8月16日アクセス．

厚生労働省（2018b）「子ども家庭総合評価票　記入のめやすと一覧表」〈https://www.mhlw.go.jp/content
　　/000348513.pdf〉2024年8月10日アクセス．

厚生労働省（2019）「保育所におけるアレルギー対応ガイドライン（2019年改訂版）」〈https://sukoyaka21.
　　cfa.go.jp/media/tools/s4_nyu_gail029.pdf〉2024年5月22日アクセス．

厚生労働省（2020）『保育所における自己評価ガイドライン（2020年改訂版）』〈https://www.mhlw.go.jp/
　　content/11907000/000631124.pdf〉2024年1月21日アクセス．

厚生労働省（2021）「地域における保育所・保育士等の在り方に関する検討会　取りまとめ（概要）」令和
　　3年12月20日〈https://www.mhlw.go.jp/content/11922000/000869389.pdf〉2024年8月16日アクセス．

厚生労働省（2022a）「小児慢性特定疾病児童とその家族の支援ニーズの把握のための実態把握調査の手引
　　き書」日本能率協会総合研究所　〈https://www.mhlw.go.jp/content/000928025.pdf〉2024年12月8日
　　アクセス．

厚生労働省（2022b）「『保育所等における保育実践の充実に関する調査』保育所等における子育て支援の在
　　り方に関する研究会　報告書」〈https://www.cfa.go.jp/assets/contents/node/basic_page/field_ref_
　　resources/4a8f683e-909b-4575-961f-d7f188a9814b/325f6a1b/20231013_policies_hoiku_kosodate-shien-
　　chousa_000941443.pdf〉2024年8月16日アクセス．

厚生労働省（2022c）「障害児通所支援の現状等について」〈https://www.mhlw.go.jp/content/12401000/
　　000971594.pdf〉2024年8月19日アクセス．

厚生労働省（2022d）「児童発達支援・放課後等デイサービスの現状等について」〈https://www.mhlw.go.jp
　　/content/12401000/001023067.pdf〉2024年8月19日アクセス．

厚生労働省（2023a）「保育所等における在園児の保護者への子育て支援──相談等を通じた個別的な対応
　　を中心に──」〈https://www.cfa.go.jp/assets/contents/node/basic_page/field_ref_resources/4a8f683
　　e-909b-4575-961f-d7f188a9814b/8ce7972e/20231013_policies_hoiku_kosodate-shien-chousa_001079964.
　　pdf〉2024年8月16日アクセス．

厚生労働省（2023b）「「こども未来戦略方針」～次元の異なる少子化対策の実現のための「こども未来戦略」
　　の策定に向けて～」〈https://www.cas.go.jp/jp/seisaku/kodomo_mirai/pdf/kakugikettei_20230613.pdf〉
　　2024年8月8日アクセス．

厚生労働省（2023c）「国民生活基礎調査の概要」〈https://www.mhlw.go.jp/toukei/saikin/hw/k-tyosa/k-tyosa22/dl/14.pdf〉2024年8月8日アクセス.

厚生労働省（2023d）「令和4年国民生活基礎調査」〈https://www.mhlw.go.jp/toukei/saikin/hw/k-tyosa/
k-tyosa22/dl/03.pdf〉2024年10月11日アクセス.

厚生労働省（2024a）「令和5年（2023）人口動態統計月報年計（概数）の概況」〈https://www.mhlw.go.jp
/toukei/saikin/hw/jinkou/geppo/nengai23/dl/gaikyouR5.pdf〉2024年8月19日アクセス.

厚生労働省（2024b）「令和4年度福祉行政報告例（児童福祉関係の一部）の概況」〈https://www.mhlw.go.
jp/toukei/saikin/hw/gyousei/222/dl/gaikyo.pdf〉2024年12月5日アクセス.

厚生労働省子ども家庭局家庭福祉課（2023）「「令和3年度全国ひとり親世帯等調査」結果について」〈https：
//www.moj.go.jp/content/001388755.pdf〉2024年8月18日アクセス.

厚生労働省雇用均等・児童家庭局家庭福祉課（2014）「児童養護施設運営ハンドブック」〈https://www.cfa.
go.jp/assets/contents/node/basic_page/field_ref_resources/8aba23f3-abb8-4f95-8202-f0fd487fbe16/ddd
00bd3/20230401_policies_shakaiteki-yougo_14.pdf〉2024年8月16日アクセス.

厚生労働省社会保障審議会児童部会（2021）「こども政策の新たな推進体制に関する基本方針～こどもまん
なか社会を目指すこども家庭庁の創設～」〈https://www.cfa.go.jp/assets/contents/node/basic_page/
field_ref_resources/7e61aa5c-b18a-4711-85c4-c28d6822c7eb/620d14c0/20211221_policies_kihon_housin_
01.pdf，2024年8月16日アクセス.

国立社会保障・人口問題研究所（2021）「第16回出生動向基本調査（結婚と出産に関する全国調査）」〈https：
//www.ipss.go.jp/ps-doukou/j/doukou16/doukou16_gaiyo.asp〉2023年8月10日アクセス.

こども家庭審議会児童虐待防止対策部会児童虐待等要保護事例の検証に関する専門委員会（2023）「こども
虐待による死亡事例等の検証結果等について」（第19次報告）」〈https://www.cfa.go.jp/councils/shing
ikai/gyakutai_boushi/hogojirei/19-houkoku/〉2024年8月1日アクセス.

こども家庭庁（2022）「改正児童福祉法の概要」〈https://www.cfa.go.jp/assets/contents/node/basic_page
/field_ref_resources/a7fbe548-4e9c-46b9-aa56-3534df4fb315/5d69bb89/20240415_policies_jidougyakutai
_Revised-Child-Welfare-Act_76.pdf〉2024年9月22日アクセス.

こども家庭庁（2023a）「令和4年度児童相談所における児童虐待相談対応件数（速報値）」〈https://www.
cfa.go.jp/assets/contents/node/basic_page/field_ref_resources/a176de99-390e-4065-a7fb-fe569ab2450c
/12d7a89f/20230401_policies_jidougyakutai_19.pdf〉2024年8月1日アクセス.

こども家庭庁（2023b）「保育所等関連状況取りまとめ（令和5年4月1日）」〈https://www.cfa.go.jp/assets
/contents/node/basic_page/field_ref_resources/f699fe5b-bf3d-46b1-8028-c5f450718d1a/8e86768c/
20230901_policies_hoiku_torimatome_r5_01.pdf〉2024年8月18日アクセス.

こども家庭庁（2023c）「保育所等における子ども食堂等の地域づくりに資する取組の実施等について」〈https：
//www.cfa.go.jp/assets/contents/node/basic_page/field_ref_resources/e4b817c9-5282-4ccc-b0d5-ce15d
7b5018c/1b6ddd2f/20231002_policies_hoiku_32.pdf〉2024年8月10日アクセス.

こども家庭庁（2023d）「こども誰でも通園制度（仮称）の本格実施を見据えた試行的事業実施の在り方に
ついて」〈https://www.cfa.go.jp/assets/contents/node/basic_page/field_ref_resources/068d0720-3805
-445f-954d-2f9f50793960/2afded33/20230921_councils_daredemotsuuen_01_02.pdf〉2024年8月15日　ア
クセス.

こども家庭庁（2023e）「乳幼児健診について」〈https://www.cfa.go.jp/councils/shingikai/seiiku_iryou/tWs
1V94m〉2024年8月19日アクセス.

こども家庭庁（2023f）「こどもの居場所づくりに関する指針」〈https://www.cfa.go.jp/assets/contents/node

/basic_page/field_ref_resources/816b811a-0bb4-4d2a-a3b4-783445c6cca3/9dade72e/20231201_policies_ibasho_09.pdf〉2024年8月8日アクセス.

こども家庭庁（2023g）「幼児期までのこどもの育ちに係る基本的なビジョン（はじめの100か月の育ちビジョン）概要（令和5年12月22日閣議決定）」〈https://www.cfa.go.jp/assets/contents/node/basic_page/field_ref_resources/6e941788-9609-4ba2-8242-42f004f9599e/64c1f5ab/20230928_policies_kodomo_sodachi_07.pdf〉2024年7月5日アクセス.

こども家庭庁（2023h）「こども大綱（説明資料）」〈https://www.cfa.go.jp/assets/contents/node/basic_page/field_ref_resources/f3e5eca9-5081-4bc9-8d64-e7a61d8903d0/50d99367/20240123_policies_kodomo-taikou_24.pdf〉2024年7月24日アクセス.

こども家庭庁（2023i）「親子関係再構築のための支援体制強化に関するガイドライン」〈https://www.cfa.go.jp/assets/contents/node/basic_page/field_ref_resources/a7fbe548-4e9c-46b9-aa56-3534df4fb315/125a8333/20240401_policies_jidougyakutai_Revised-Child-Welfare-Act_42.pdf〉2024年12月8日アクセス.

こども家庭庁（2024a）「児童発達支援ガイドライン（令和6年7月）」〈https://www.cfa.go.jp/councils/shingikai/shougaiji_shien/0ff6d844〉2024年8月19日アクセス.

こども家庭庁（2024b）「結婚に関する現状と課題について」〈https://www.cfa.go.jp/assets/contents/node/basic_page/field_ref_resources/f27802a2-0546-424d-ac61-ac0641d67d38/0a71a82d/20240725_councils_lifedesign-wg_f27802a2_04.pdf〉2024年9月22日アクセス.

こども家庭庁（2024c）「社会的養育の推進に向けて」〈https://www.cfa.go.jp/assets/contents/node/basic_page/field_ref_resources/8aba23f3-abb8-4f95-8202-f0fd487fbe16/0604a387/20240805_policies_shakaiteki-yougo_104.pdf〉2024年7月7日アクセス.

こども家庭庁HP「ひとり親家庭等日常生活支援事業について」〈https://www.cfa.go.jp/policies/hitori-oya/hitorioya-seikatsu-shien〉2024年10月11日アクセス.

こども家庭庁HP「よくわかる「子ども・子育て支援制度」」〈https://www.cfa.go.jp/policies/kokoseido/sukusuku#riyousha〉2024年8月18日アクセス.

こども家庭庁支援局虐待防止対策課（2023）「令和5年8月3日（木）令和5年度保健師中央会議資料4「こども家庭センターについて」〈https://www.mhlw.go.jp/content/11907000/001127396.pdf〉2024年7月7日アクセス.

こども家庭庁支援局虐待防止対策課（2024）「子ども虐待対応の手引き（令和6年4月改正版）」〈https://www.cfa.go.jp/assets/contents/node/basic_page/field_ref_resources/c0a1daf8-6309-48b7-8ba7-3a697bb3e13a/0635895f/20240422_policies_jidougyakutai_hourei-tsuuchi_taiou_tebiki_22.pdf〉2024年8月1日アクセス.

こども家庭庁支援局家庭福祉課（2024）資料集「社会的養育の推進にむけて（令和6年11月）」〈https://www.cfa.go.jp/assets/contents/node/basic_page/field_ref_resources/8aba23f3-abb8-4f95-8202-f0fd487fbe16/60a0dd14/20241030_policies_shakaiteki-yougo_109.pdf〉2024年12月8日アクセス.

在宅アセスメント研究会（2023）『平成29年度子ども・子育て支援推進調査研究事業（厚生労働省）「児童相談所と市町村の共通アセスメントツール作成に関する調査研究在宅支援共通アセスメント・プランニングシート活用のてびき（利用解説書改定版）」』〈https://www.mhlw.go.jp/content/11900000/001122235.pdf〉2024年8月10日アクセス.

静岡県裾野市健康福祉部こども未来課（2022）「さくら保育園での不適切な保育の対応」（令和4年11月30日）〈https://www.city.susono.shizuoka.jp/material/files/group/12/221130.pdf〉2025年1月18日アク

セス．

社会福祉専門職団体協議会・日本社会福祉教育学校連盟（2014）「ソーシャルワークのグローバル定義（最
　　終案日本語版）」日本社会福祉士会〈http：//www.jacsw.or.jp/06_kokusai/IFSW/files/07_sw_teigi.html〉
　　2021年10月1日アクセス．

社会保障審議会児童部会（2022）「資料3―1：こども政策の新たな推進体制に関する基本方針のポイント
　　（令和4年2月）」厚生労働省〈https：//www.mhlw.go.jp/content/11907000/000897583.pdf〉2024年9
　　月1日アクセス．

出入国在留管理庁・文化庁（2020）「在留支援のためのやさしい日本語ガイドライン」〈https：//www.bunka.
　　go.jp/seisaku/kokugo_nihongo/kyoiku/pdf/92484001_01.pdf〉2024年8月20日アクセス．

健やか親子21（2021）「成育医療等基本方針に基づく施策の実施状況に関する評価指標」児童虐待62「乳幼
　　児期に体罰や暴言，ネグレクト等によらない子育てをしている親の割合」〈https：//rhino4.med.yaman
　　ashi.ac.jp/seiku/pub/〉2024年8月1日アクセス．

政府統計の総合窓口（2024）「令和4年国民生活基礎調査（世帯数―構成割合，世帯構造・年次別）」〈https：
　　//www.e-stat.go.jp/stat-search/database？page＝1＆layout＝datalist＆toukei＝00450061＆tstat＝
　　000001206248&cycle=7&tclass1=000001206251&cycle_facet=tclass1&tclass2val=0〉2024年8月14日ア
　　クセス．

全国子育てひろば全国連絡協議会（2016）「地域子育て支援拠点事業に関するアンケート調査2015概要版
　　（PDF）」〈https：//kosodatehiroba.com/wp-content/uploads/away-ikuji.pdf〉2024年8月5日アクセス．

全国保育士会HP「保育士がこたえる子育て支援Q&A」〈https：//www.z-hoikushikai.com/qa/〉2024年8
　　月18日アクセス．

つたわるねっとHP「コーダ子育て支援」〈https：//www.wp1.co.jp/coda/about_coda/〉2024年9月28日ア
　　クセス．

内閣官房（2022）「全世代型社会保障構築会議（第7回）参考資料1（基礎資料集）〈https：//www.cas.go.jp
　　/jp/seisaku/zensedai_hosyo/dai7/sankou1.pdf〉2024年9月22日アクセス．

内閣官房（2023）「こども未来戦略」〈https：//www.cas.go.jp/jp/seisaku/kodomo_mirai/pdf/kakugikettei_
　　20231222.pdf〉2024年8月19日アクセス．

内閣官房こども家庭庁設立準備室（2023）「こども・子育ての現状と若者・子育て当事者の声・意識」〈https：
　　//www.cas.go.jp/jp/seisaku/kodomo_seisaku_kyouka/dai1/siryou5.pdf〉2024年9月23日アクセス．

内閣府（2021）「令和2年度　少子化対策に関する国際意識調査」〈https：//warp.da.ndl.go.jp/info：ndljp/pid
　　/13024511/www8.cao.go.jp/shoushi/shoushika/research/r02/kokusai/pdf_index.html〉2024年9月22
　　日アクセス．

内閣府（2023）「男女共同参画社会に関する世論調査（令和4年11月調査）」〈https：//survey.gov-online.go.
　　jp/r04/r04-danjo/〉2024年8月10日アクセス．

内閣府（2024）リーフレット「令和6年4月1日から合理的配慮の提供が義務化されました」〈https：//www
　　8.cao.go.jp/shougai/suishin/sabekai_leaflet-r05.html〉2025年1月23日アクセス．

内閣府HP「『障害のある当事者からのメッセージ（知ってほしいこと）』の集計結果」〈https：//www8.cao.
　　go.jp/shougai/kou-kei/toujisha/siryo03.html〉2024年8月20日アクセス．

内閣府HP「性的指向及びジェンダーアイデンティティの多様性に関する国民の理解の増進に関する法律」
　　〈https：//www8.cao.go.jp/rikaizoshin/index.html〉2024年8月2日アクセス．

内閣府大臣官房政府広報室　明日の暮らしをわかりやすく政府広報オンライン（2024）「知っていますか？

街の中のバリアフリーと『心のバリアフリー』」〈https：//www.gov-online.go.jp/useful/article/201812/1.html〉2024年 8 月19日アクセス.

日本保育協会（1998）「7　子育て相談の内容」『子育て相談の手引』〈https：//nippon.zaidan.info/seikabutsu/1998/00522/mokuji.htm〉2024年 8 月18日アクセス.

ベネッセ教育総合研究所（2015）「第 5 回幼児の生活アンケート」〈https：//benesse.jp/berd/up_images/research/YOJI_all_P01_65.pdf〉2024年 8 月 8 日アクセス.

ベネッセ教育総合研究所（2023）「第 6 回幼児の生活アンケート」〈https：//benesse.jp/berd/up_images/research/YOJI_all_P01_65_6.pdf〉2024年 8 月 8 日アクセス.

法務省（2023）『令和 5 年版　犯罪白書＿第 6 章　児童虐待・配偶者からの暴力・ストーカー等に係る犯罪　第 1 節　児童虐待に係る犯罪』〈https：//hakusyo1.moj.go.jp/jp/70/nfm/n70_2_4_6_1_0.html〉2024年 8 月14日アクセス.

北國新聞（2024）「虐待通告児童，12万人超　最多更新，23年の警察庁まとめ」3 月28日〈https：//www.hokkoku.co.jp/articles/-/1356095〉2024年10月11日アクセス.

ホームスタートジャパン HP〈https：//www.homestartjapan.org/〉2024年10月 1 日アクセス.

三菱 UFJ リサーチ＆コンサルティング（2020）「令和 2 年度子ども・子育て支援推進調査研究事業　保育所等における外国籍等の子どもの保育に関する集取組事例集」〈https：//www.murc.jp/wp-content/uploads/2020/04/koukai_200427_1_3.pdf〉2024年 8 月 2 日アクセス.

三菱 UFJ リサーチ＆コンサルティング（2021）「令和 2 年度子ども・子育て支援推進調査研究事業「外国籍等の子どもへの保育に関する調査研究報告書」」〈https：//www.murc.jp/wp-content/uploads/2021/04/koukai_210426_16.pdf〉2024年12月 8 日アクセス.

文部科学省（2020）「学校・教育委員会等向け虐待対応の手引き（令和 2 年 6 月改正版）」〈https：//www.mext.go.jp/content/20200629-mxt_jidou02-100002838.pdf〉2024年 8 月 1 日アクセス.

文部科学省（2021）「特別支援教育の充実について」〈https：//www.mext.go.jp/content/20211009-mxt_tokubetu02-000018244_02.pdf〉2024年 8 月19日アクセス.

文部科学省（2022）「通常の学級に在籍する特別な教育的支援を必要とする児童生徒に関する調査結果（令和 4 年）について」〈https：//www.mext.go.jp/content/20230524-mext-tokubetu01-000026255_01.pdf〉2024年 8 月19日アクセス.

索　引

〈ア　行〉

アウェイ育児　77
アウトリーチ　47
アセスメント（見立て）　42, 47
アセスメントシート　43
圧縮叙述体　57
アナフィラキシー　101
アフターケア　50
アロペアレンティング　86
アンコンシャス・バイアス　87, 88
医学モデル　54
育児不安　26
意図的な感情の表出　21
医療的ケア　103
医療的ケア児　103
医療的ケア児保育支援事業【拡充】　95
インクルーシブ保育・教育　98
インターベンション　49
インテーク　47
インフォーマルな関係機関　69
ウェルビーイング　38, 86, 90, 133
エコマップ　48
エバリュエーション　50
LGBTQ＋　107
エンパワメント　31
親子関係再構築支援　125

〈カ　行〉

解決志向アプローチ　54
外国にルーツのある子ども　104
家庭児童相談室　68, 74
過程叙述体　57
家庭訪問型子育て支援　69
家庭養護　125
環境調整　51
カンファレンス　57, 62
虐待の早期発見・早期対応　66
クライシス（危機的な状況）　2, 3
合理的配慮の提供　96
個人情報の保護　62
孤育て　14, 26
子育て罰　77
CODA（Children of Deaf Adults）　128
子ども・子育て支援新制度　1
こども家庭センター　13, 68
こども家庭庁　13, 133
こども基本法　133
子ども虐待　109
「こども政策の新たな推進体制に関する基本方針〜こ

どもまんなか社会を目指すこども家庭庁の創設
　〜」　133
こども大綱　133, 135
こども誰でも通園制度　78
子どもの貧困　131
こどもまんなか社会　133
個別化　20
コンサルテーション　64

〈サ　行〉

在留外国人　128
ジェノグラム　48
ジェンダーバイアス　107
自己決定　23
児童相談所　67, 68, 70, 73, 74
児童福祉法　134
社会的養護　124
守秘義務　44
受容　22, 30
受容的態度　30
小児慢性特定疾病　103
情報　40
食物アレルギー　101
叙述体　57
スケーリング・クエスチョン　55
ストレングス　31
スーパービジョン　63
説明体　57
全国保育士会倫理綱領　14
相互理解　18
ソーシャルワーク　28, 137
　――の原則　5

〈タ・ナ行〉

ターミネーション　50
地域子育て支援センター（地域子育て支援拠点事業）
　35
地域子育て相談機関　13
「地域における保育所・保育士等の在り方に関する検
　討会　取りまとめ」　136
聴覚障がい者　127
「DSM-5-TR 精神疾患の分類と診断の手引」　93
DV　130
　面前――　130
デフファミリー　128
てんかん発作　3
統制された情緒的関与　22
特定妊婦　118
ニーズ　30
乳児家庭全戸訪問事業　36

〈ハ　行〉

配偶者暴力相談支援センター　　73
パターナリズム（父権主義的・権威主義的・温情主義）
　　　　　　6
バリアフリー　　95
非審判的態度　　22
秘密保持　　23
フォーマルな関係機関　　68
不適切保育　　138
プランニング　　48
「保育所保育指針解説」　　139
放課後児童健全育成事業　　39
ホームスタート事業　　69

〈マ　行〉

マルトリートメント（不適切な養育）　　109
慢性疾患　　127

モニタリング　　49

〈ヤ　行〉

やさしい日本語　　129
要支援児童　　118
「幼児期までのこどもの育ちに係る基本的なビジョン
　　　（はじめの100か月の育ちビジョン）」　　135
要保護児童　　118
要保護児童対策地域協議会　　44, 67, 74, 120
要約体　　57

〈ラ・ワ行〉

ラポール　　89
リスクアセスメント　　66, 67
リフレーミング　　31
倫理観　　14
倫理綱領　　4
ワンオペ育児　　77, 119

《監修者紹介》

立 花 直 樹（たちばな　なおき）[序　章]
　1994年　関西学院大学社会学部卒業
　　　　　企業，社会福祉施設，社会福祉協議会等での勤務を経て
　2007年　関西学院大学大学院社会学研究科博士課程前期課程修了
　現　在　関西学院短期大学保育科准教授，大阪地域福祉サービス研究所研究員
　主要業績
　　『保育・幼児教育・子ども家庭福祉辞典』（共編著），ミネルヴァ書房，2021年
　　『子どもと保護者に寄り添う「子育て支援」』（共監著），晃洋書房，2022年.
　　『子どもと保護者に寄り添う「子ども家庭支援論」』（共監著），晃洋書房，2022年.
　　『子どもと保護者に寄り添う「子ども家庭支援の心理学」』（共監著），晃洋書房，2022年.
　　『児童・家庭福祉――子どもと家庭の最善の利益――』（共編著），ミネルヴァ書房，2022年

渡 邊 慶 一（わたなべ　けいいち）[終　章]
　1995年　龍谷大学大学院社会学研究科社会福祉学専攻修士課程修了
　　　　　近畿福祉大学（現 神戸医療未来大学），京都聖母女学院短期大学等での勤務を経て
　現　在　京都文教短期大学幼児教育学科教授
　主要業績
　　『児童・家庭福祉――子どもと家庭の最善の利益――』（共編著），ミネルヴァ書房，2022年
　　『施設実習必携ハンドブック――おさえたいポイントと使える専門用語解説――』（共編著），
　　　　晃洋書房，2024年
　　『あなたとともに考える子ども家庭福祉――こどもまんなか社会を実現するために――』（編
　　　　著），教育情報出版，2025年

《編者紹介》

丸 目 満 弓（まるめ　まゆみ）[第5章]
　2017年　大阪総合保育大学大学院児童保育研究科博士後期課程修了
　　　　　医療ソーシャルワーカー，スクールソーシャルワーカー勤務を経て
　現　在　大阪総合保育大学児童保育学部児童保育学科准教授

河 野 清 志（かわの　きよし）[第7章]
　2004年　関西福祉科学大学大学院社会福祉学研究科前期博士課程臨床福祉学専攻修了
　　　　　関西福祉科学大学，山陽学園短期大学等での勤務を経て
　現　在　大阪大谷大学教育学部教育学科准教授

中　　典 子（なか　のりこ）[第8章]
　2002年　佛教大学大学院社会学研究科博士課程修了
　現　在　中国学園大学子ども学部子ども学科教授

明 柴 聰 史（あけしば　さとし）[第15章]
　2013年　関西学院大学大学院教育学研究科博士課程前期課程修了
　　　　　保育所，児童養護施設，幼保連携型認定こども園での勤務を経て
　現　在　富山短期大学幼児教育学科准教授

《執筆者紹介》（執筆順，＊は監修者，編者）

＊立花直樹	関西学院短期大学	序　章
永田彰子	安田女子大学	第1章
澤田　光	安田女子大学	第1章
西川ひろ子	安田女子大学	第1章
松本亜香里	愛知東邦大学	第2章
渡邊明宏	愛知東邦大学	第2章
鈴木晴子	十文字学園女子大学	第3章
渡邉　彩	新潟中央短期大学	第4章
＊丸目満弓	大阪総合保育大学	第5章
手塚崇子	川村学園女子大学	第6章
＊河野清志	大阪大谷大学	第7章
＊中　典子	中国学園大学	第8章
平本　譲	鹿児島女子短期大学	第9章
福井千夏	愛知学泉短期大学	第10章
中島美那子	茨城キリスト教大学	第11章
中原大介	福山平成大学	第12章
矢野川祥典	福山平成大学	第12章
金　仙玉	富山国際大学	第13章
宮里慶子	千里金蘭大学	第14章
＊明柴聰史	富山短期大学	第15章
松木宏史	大阪国際大学短期大学部	第16章
＊渡邊慶一	京都文教短期大学	終　章

こどもまんなか社会に活かす
「子育て支援」

2025年3月30日　初版第1刷発行	＊定価はカバーに表示してあります

監修　立花直樹 ©
　　　渡邊慶一

編者　丸目満弓
　　　河野清志
　　　中柴典子
　　　明　聰史

発行者　萩原淳平
印刷者　藤森英夫

発行所　株式会社　晃洋書房

〒615-0026　京都市右京区西院北矢掛町7番地
電話　075(312)0788番(代)
振替口座　01040-6-32280

装幀　HON DESIGN（小守いつみ）　印刷・製本　亜細亜印刷㈱
ISBN 978-4-7710-3900-1

JCOPY 〈(社)出版者著作権管理機構　委託出版物〉
本書の無断複写は著作権法上での例外を除き禁じられています．
複写される場合は，そのつど事前に，(社)出版者著作権管理機構
（電話 03-5244-5088, FAX 03-5244-5089, e-mail: info@jcopy.or.jp）
の許諾を得てください．